AF410977

VERONICA CYBO

RÉCIT HISTORIQUE

PAR M. GUERRAZZI

TRADUIT DE L'ITALIEN

PAR M. ALFRED DE COURTOIS

PARIS

AU BUREAU DE LA REVUE BRITANNIQUE

RUE NEUVE-DES-MATHURINS, 34

1864

(*Extrait de la* REVUE BRITANNIQUE, *numéro de mai* 1864.)

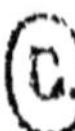

Paris. — Typographie HENNUYER ET FILS, rue du Boulevard, 7.

VERONICA CYBO.

Les remarquables progrès et les découvertes de la science historique, les travaux d'histoire et d'archéologie publiés dans ces dernières années, les nombreuses exhumations et réimpressions de mémoires ont porté, en France, un coup fatal au roman historique. Le bon sens public a vu ce qu'il y avait de superficiel et de puéril dans un genre mixte qui, cherchant l'alliance à peu près impossible de la vérité historique avec la fiction romanesque, arrivait forcément à faire céder la première aux nécessités de la seconde, sans grand profit, après tout, pour l'art ; on s'est aperçu qu'il pourrait être tout aussi *amusant* et plus profitable d'apprendre l'histoire de France, par exemple, dans les mémoires et dans l'histoire elle-même, que de la lire découpée en feuilletons par M. Alexandre Dumas, dont je ne nie pas pour cela la verve et le faire heureux d'arrangeur. Quelques romans historiques échappent au naufrage (entre autres ceux de sir Walter Scott, qui, en outre de sérieuses qualités littéraires, ont le monopole de fournir aux jeunes personnes des lectures autorisées et garanties); ils restent debout, mais comme ces phares qui se dressent sur les récifs et avertissent le pilote de passer au large.

De l'autre côté des Alpes le roman historique a eu la même fortune, mais par des causes très-différentes. De 1815 à 1846, des traités de Vienne à l'avénement de Pie IX, l'Italie, on le sait, a eu à subir le *carcere duro* du silence ; de tribune, de presse politique, point ; quelques journaux officiels seulement qui renseignaient très-exactement sur l'état des choses en Chine ou à Honolulu, et bornaient là leur information ; partout, enfin, à défaut de l'étouffement de la pensée, tout au moins l'obstacle à sa manifestation. C'est cet obstacle, que l'on se figurait insurmontable, que le roman historique devait tourner. Racontant aux Italiens leur propre histoire, les luttes de leurs pères, leurs triomphes, leurs revers, il signala, par ses récits dont le vrai sens était facile à saisir et où l'allusion était transparente, les fautes à éviter, les vertus à imiter ; il fit souvenir de la liberté, il enseigna à ne pas désespérer d'elle. « Aux époques voisines des grandes crises sociales et politiques, dit M. Villemain, tout le monde a le sentiment historique. » L'écho répondit à la voix qui le sollicitait. Dans ce patriotisme rétrospectif les âmes se retrempèrent ; la comparaison que chaque lecteur pouvait faire d'un passé glorieux avec un présent amoindri, consola de l'humiliation et fit patienter en faisant prendre courage ; le fil des traditions renoué, on espéra, on se prépara. Je ne veux pas exagérer son influence, mais on ne pourrait nier la part du roman historique au réveil de 1847. La seule chose qui doive surprendre, c'est que les douanes politiques n'aient pas, dans leur furetage incessant, flairé et confisqué cette contrebande, qui put librement circuler dans toute la Péninsule.

Cette mission extralittéraire accomplie, le roman historique italien, ramené désormais à sa poétique naturelle, vit sa vogue décliner et subit les vicissitudes que ce genre éprouvait dans les autres pays.

Parmi ces romanciers militants à la tête desquels marche Manzoni, le tempérament le plus littéraire du groupe et chez lequel la politique a le moins nui à l'art, combattit au premier rang M. Guerrazzi, en *garibaldien,* il faut l'avouer, bien plus qu'en soldat régulier. Dans cette association d'esprits, quelques-uns si opposés, venus de tous les points de l'horizon politique et rapprochés par un sentiment commun, l'amour de la patrie et un même but à poursuivre ce que l'on croyait son salut, on se servit de la même arme, du roman historique, mais avec des escrimes bien diverses; au jour du triomphe, on le savait à l'avance, chacun devait planter sur le créneau conquis un drapeau différent. La couleur de celui de M. Guerrazzi est connue; quiconque a suivi les événements dont l'Italie a été le théâtre, n'ignore pas le rôle joué en Toscane par l'auteur du *Siége de Florence,* sa dictature révolutionnaire de quelques mois expiée par de longues années de détention et de bannissement. Au temps où l'on ne se battait encore qu'avec la plume et où l'on décochait ses traits de loin, abrité par le roman historique comme Teucer par le bouclier de son frère, le grand Ajax, M. Guerrazzi se montra peut-être le plus à découvert. Manzoni, d'Azeglio renfermaient la leçon dans les faits historiques qu'ils racontaient; au lecteur le soin de la découvrir. M. Guerrazzi double l'étape; lui-même il dégage la leçon; avec violence, avec emportement, il rudoie la langueur de l'Italie (et s'il ne rudoyait qu'elle!...); sa polémique est passionnée, son drame poussé au mélodrame; les allusions, les réticences fourmillent, tout est texte et prétexte à déclamation, et tout est dit dans une langue admirable. qui charme l'oreille et entraîne la raison. Son œuvre est considérable, et peu répandue en France; aujourd'hui que le pamphlet est hors de cause, et que l'écrivain ne relève plus que de la critique littéraire, il m'a semblé qu'il ne serait peut-être pas sans intérêt de la faire connaître, tout au moins par un échantillon. J'ai, dans ce dessein, tenté la traduction que ce trop long avant-propos précède, ayant choisi une des compositions les plus estimées de l'auteur que j'ai la prétention de révéler à beaucoup de lecteurs français. *Veronica Cybo* m'a, en outre, paru avoir cet avantage d'offrir dans le cadre resserré d'une nouvelle, genre plus approprié au génie italien que le roman, l'ensemble et comme un résumé des qualités et aussi des défauts littéraires de M. Guerrazzi.

La destinée de cette nouvelle est singulière et rappelle l'odyssée du *Neveu de Rameau* de Diderot. Publiée en 1839, à Livourne, patrie de l'auteur, dans une Revue, puis en volume, elle disparaît tout à coup de l'Italie; on la retrouve, bizarre ironie du sort, à Vienne, traduite en allemand sans nom d'auteur. Ainsi déguisée, elle repasse la frontière italienne; on la reconnaît si peu, qu'à Milan il est question de la traduire en italien. La traduction était sous presse lorsqu'on avisa le libraire de la véritable nationalité de *Veronica Cybo*. Elle parut dans son vêtement d'origine, mais l'Autriche lui fut fatale, et dans cette édition de Milan (la remarque est de M. Guerrazzi) elle parle un langage qui n'est ni italien ni allemand, tout en participant des deux idiomes. C'est sur l'édition de Florence [1], imprimée sous les yeux de l'auteur [2] et corrigée par lui, que j'ai revu ma traduction faite primitivement sur l'édition de Livourne [3].

Le style de M. Guerrazzi m'a donné fort à faire. M. Guerrazzi écrit dans cette merveilleuse langue de Toscane, pure, harmonieuse, pittoresque et préservée si jalousement des néologismes *barbares* par l'Académie *della Crusca* (une Académie qui a fait un dictionnaire!). Traduire seulement la pensée de l'auteur, ce n'eût été remplir ma tâche qu'à moitié; il importait également de rendre, s'il était possible, la couleur, l'effet de son style. La phrase de M. Guerrazzi, fidèle interprète d'une imagination ardente, est sonore, agressive, surchargée, emphatique, comparable à la phrase de Chateaubriand dans *Atala*; puis brusquement des sommets cachés dans les nuages elle descend à des familiarités qui chez nous risqueraient fort d'être nommées trivialités. Des inversions, des antithèses à outrance, ces ascensions et ces chutes, n'ont rien de choquant dans une langue où tout se sauve par la forme et pour des esprits qui vont naturellement aux superlatifs et chez lesquels le ridicule n'a jamais tué personne (Stendahl l'a dit avant moi). La langue et le goût français sont moins accommodants, et il existe un diapason dont il serait dangereux de s'écarter trop. Je me suis

---

[1] Ecrits de F.-D. Guerrazzi. Félix Le Monnier, éditeur, Florence, 1851 (en italien). Ce volume, où *Veronica Cybo* occupe la place d'honneur, fait partie de l'excellente collection des meilleurs auteurs italiens, éditée par M. Le Monnier, imprimeur français établi depuis plusieurs années à Florence, où il honore notre nation.

[2] M. Guerrazzi était à cette époque en prison préventive à Florence.

[3] Vannini, editore Livorno, 1839.

efforcé de gouverner mon humble barque de traducteur entre ces écueils ; mais j'ai suivi consciencieusement mon texte pas à pas, traduisant mot à mot quand la chose était faisable, et conservant le plus possible les tournures, les périodes, le brillanté, l'imagé et même ce que Boileau n'eût pas manqué d'appeler tout le clinquant du style de M. Guerrazzi. Le temps des *belles infidèles* est passé et dans notre siècle réaliste, même avec les meilleures intentions, *traduttore* et *traditore* ne doivent plus être synonymes.

ALFRED DE COURTOIS[1].

I

L'automne est la saison la plus mélancolique de l'année : et l'approche du soir, le moment le plus mélancolique de la journée. C'est la saison où le soleil avance vers sa tombe, magnifique à contempler comme le premier-né du Créateur. Au milieu du jour, il a dardé sur la nature ses rayons vivifiants ; vers le soir, la vie, la force sont partout ; l'astre se plaît alors à verser, une dernière fois, tous ses feux sur l'hémisphère qui l'entoure, et la voûte des cieux, dépouillant son manteau azuré, s'illumine des reflets d'or de la divine lumière, comme le siècle s'imprègne du génie de l'homme qui l'a dominé.

Semblable au phénix, qui dispose lui-même son bûcher de myrrhe et de bois précieux, le soleil orne son sépulcre avec un admirable faste. La pourpre, l'or, l'éclat des pierres précieuses, les teintes variées de la coquille où se forme la perle, accompagnent son déclin. L'Océan attend, frémissant, l'hôte immense. — La nature entière s'agite, prise d'une terreur qu'elle ne peut

---

[1] A chacun sa responsabilité : il est deux ou trois digressions sur lesquelles le Directeur de la *Revue Britannique* s'est permis d'imposer son *deleatur*, sans croire avoir altéré en rien le caractère général de l'œuvre, ni ses qualités ni ses défauts, si bien définis par M. Alfr. de Courtois.—Les lecteurs familiers avec le vieux théâtre anglais reconnaîtront dans l'histoire de Veronica Cybo une de ces chroniques où les dramaturges antérieurs à Shakspeare et ses successeurs moins chastes encore cherchaient volontiers leurs sujets, par exemple la *Duchesse d'Amalfy* et *Vittoria Corombona*.

(*Note de la Direction.*)

comprendre ; elle s'épuise à témoigner la vie à l'instant même où son second créateur est près de l'abandonner. — La pensée de l'homme revient aux absents et aux morts ; le bronze frappe l'air, sa voix elle-même semble une plainte : le grand Pan va mourir.

Mais le grand Pan, — il le sait, — ne meurt que pour ressusciter. Créatures d'un jour, regardez vers l'Orient ; bientôt vous le verrez apparaître triomphant, plein de gloire. Qui sait combien de vous, feuilles animées, seront pour toujours tombées de l'arbre de la vie pendant sa courte disparition de notre horizon !

Et quand vous êtes tombées, créatures d'un jour, triste est votre demeure dans la terre. Les regrets de ceux qui vous furent les plus chers et qui vous survivent se flétriront avant les fleurs répandues sur votre tombeau. Ah ! le linceul vous enveloppe bien tout entières. Hors la rosée du ciel, en vain attendez-vous d'autres larmes. Quelquefois la science de l'antiquaire reconnaît votre tombe ; rarement l'affection des vôtres. Qu'espérez-vous au delà du sépulcre? L'oubli est l'héritage ; la fange, l'oreiller ; le ver, le compagnon des morts. Seigneur, reçois dans tes bras miséricordieux les âmes abandonnées de ceux que la vie a quittés.

II

Si, comme le chante le divin Homère, la ceinture de Vénus contenait les doux sourires et les voluptés les plus suaves de l'amour, n'est-on pas autorisé à dire que les riantes collines dont Florence est le centre, l'entourent comme une autre ceinture de la déesse? « Ah ! s'écriait Vittorio Alfieri en descendant de l'Apparita [1], que le monde entier n'est-il la Toscane ! » et la contemplation de beautés si frappantes effaça une ride du front de l'austère penseur, une ride aussi de son cœur. Aujourd'hui les dieux ont déserté cette terre, la bien-aimée du soleil ; de

---

[1] Montagne du sommet de laquelle, en venant de Bologne, on découvre Florence.

sombres événements se font proches : on nous a laissés seuls. Et cependant les dieux, en s'éloignant de cette contrée, l'ont regardée avec amour et ils ont relevé le bord de leur chlamyde comme pour la bénir. Aussi l'air, à l'entour, garde un parfum d'ambroisie, un retentissement harmonieux, que la tourmente n'a pu jusqu'ici dissiper. Dans les bois de lauriers et de myrtes vous entendriez frémir les dernières et douces vibrations des harpes antiques. La mort a fermé les lèvres de nos grands hommes ; mais l'écho de leurs paroles suprêmes résonne encore sous les portiques, sur les places publiques, le long des mille colonnes qui soutiennent les nefs des églises. Comme sur le visage de Laure la mort semble belle sur cette terre, la plus belle [1]!...

III

Bien terrible est l'histoire que je raconte et qui débute dans la villa Salviati [2], située sur l'une des gracieuses collines groupées autour de Florence ; aussi j'invite à la lire ceux-là seuls qui en auront la volonté. C'était le soir du 1er novembre 1637 ; alors régnait en Toscane le grand-duc Ferdinand II, de glorieuse, immortelle et paternelle mémoire ; ainsi l'atteste son épitaphe composée par un poëte de cour [3]. Une fée aurait choisi cette villa pour demeure ; l'heureuse imagination de messere Lodovico [4] aurait pu à peine la concevoir plus attrayante. Mais je ne m'arrêterai pas à la décrire ; depuis que je me suis avisé que les *huissiers* et autres très-honorés personnages préposés aux saisies décrivaient meubles et habillements à l'égal de Scott et de Balzac, j'ai pris avec moi-même l'engagement de laisser

[1] Plusieurs membres de phrase et le mouvement général de cette période sont une réminiscence de certains tercets d'un poëme de Francesco Pacchiani.
(*Note de l'Auteur.*)

[2] La villa Salviati existe encore, dans un merveilleux état de conservation. Elle justifie tous les éloges qu'en va faire M. Guerrazzi. Aujourd'hui, propriété du célèbre chanteur Mario.

[3] Ferdinand II, cinquième grand-duc de Toscane, régna de 1621 à 1670. Son fils aîné épousa Marguerite-Louise d'Orléans.

[4] Lodovico Ariosto.

intacte aux très-honorés personnages précités la gloire des inventaires.

Je dirai donc simplement que dans une chambre de cette villa se voyait un lit orné tout à l'entour de bordures et de sculptures finement travaillées et dorées, un lit dont le baldaquin et les rideaux étaient de damas à fleurs bleu-azur se détachant sur un fond jaune.

Sur ce lit dormait un enfant; le corps plein de grâce, les cheveux noirs et frisés; les cils longs, semblables à de la soie, le teint rosé, les lèvres entr'ouvertes, il rappelait l'enfant de ce tableau du Bronzino [1] : *Ego dormio, sed cor meum vigilat.*

De sa petite main il chassait et chassait encore un moustique qui s'en obstinait davantage à renouveler la charge; cette lutte inutile, l'impatience qu'elle produisait, les piqûres de l'insecte étaient peut-être la plus grande douleur qu'eût encore éprouvée cet enfant dans sa courte existence.

Son sommeil était léger; au sifflement du vent se joignait, pour le troubler, un tumulte de rires et de voix joyeuses, comme il en éclate lorsque, le vin ayant banni toute étiquette parmi les convives, l'excitation du festin circule, rouge et bavarde, égayant parfois, parfois aussi ensanglantant la table.

Ce soir-là, en effet, Jacopo Salviati, duc de San Giuliano, avait convié ses nobles amis à un somptueux banquet.

Bien que durant le repas le duc se fût montré souvent préoccupé, il n'en avait pas moins rempli tous ses devoirs d'hôte en gentilhomme accompli. Sa femme, haute et puissante dame Veronica Cybo, des princes de Massa [2], ne lui cédait en rien pour l'élégance et l'affabilité des manières. Altière, d'un caractère plus entier qu'il ne convient d'ordinaire à la délicatesse de son

---

[1] Alexandre et Christophe Allori (père et fils), peintres florentins, tous deux portant le surnom de *el Bronzino*.

[2] Les cadets et les filles des familles de haute noblesse, en Italie, portent seulement le nom patronymique de la famille et n'ont pas droit à celui du titre, sous lequel la famille est plus connue et qui est réservé exclusivement à son chef; mais, afin qu'ils ne soient pas déshérités en quelque sorte de l'illustration de leur race, le lien qui les y attache est constaté par cette formule, *des* princes, *des* ducs, etc. En italien, le pronom *dei* rend, dans ce cas, clairement la pensée; en français, pour être compréhensible, il faudrait ajouter le mot *issu*.

sexe, elle savait se contenir au besoin et soutenait avec éclat la réputation de son illustre race.

Les Salviati étaient alors, ce qu'ils furent toujours, les premiers entre les premiers de Florence, de plus, alliés très-proches à la maison de Médicis [1]. Il est bon et vrai de dire que les Salviati avaient maintes fois conspiré contre les Médicis et que de leur côté les Médicis avaient maintes fois envoyé de leurs nobles parents Salviati donner des coups de pied au vent ; ainsi il arriva lors de la fameuse conjuration des Pazzi [2], où ils ne détestèrent pas de pendre à une des fenêtres du Palais-Vieux [3] messere Francesco Salviati, archevêque de Pise et cardinal de notre sainte mère l'Eglise ; mais ces événements n'altéraient aucunement entre eux les relations de parenté et de bonne amitié. Il semble, qu'en ce temps-là, les épées ne tranchaient pas les liens du sang, et que la corde avait le don de les resserrer. A l'époque où commence ce récit, le seigneur Jacopo était en possession à la cour de charges d'importance, et, peu après, le grand-duc Ferdinand devait prendre pour ministre le marquis Vincenzo Salviati et mettre en lui sa plus absolue confiance.

Pendant tout le festin, le duc s'était appliqué à éviter les regards de la duchesse ; celle-ci, au contraire, cherchait avec avidité à rencontrer les siens ; lorsque forcément ils se croisaient, l'on eût cru deux épées affilées. — Si les regards des hommes avaient la propriété que la Fable attribue à ceux du basilic, combien de créatures humaines seraient encore sur terre ? y avez-vous réfléchi ?

Le moment arriva où il est d'antique usage, dans un banquet, que les convives se portent des santés mutuelles ; le duc,

---

[1] Jacques Salviati épousa une des trois filles de Laurent de Médicis le Magnifique.

[2] Dirigée contre Laurent et Julien de Médicis. Les conjurés assaillirent les deux frères lorsqu'ils assistaient à la messe solennelle de Pâques dans la cathédrale de Florence (26 avril 1478). François Pazzi et Bandini assassinèrent Julien ; Laurent échappa. Le peuple, furieux, pendit ceux des conjurés réfugiés au Palais-Vieux. Il s'ensuivit une guerre, dite *des Pazzi*, terminée seulement en 1480.

[3] Ou palais de la Seigneurie ; en d'autres termes, l'hôtel de ville de Florence, lorsque Florence était république.

saisissant l'occasion à l'improviste, élève son verre et saluant la duchesse :

« Madame Veronica, s'écrie-t-il, je bois à votre félicité. »

La duchesse se redresse comme une vipère foulée aux pieds; s'emparant d'une coupe, elle répond les lèvres tremblantes :

« Oui... à celle que vous me donnez depuis quelque temps, seigneur Jacopo ! »

Et de pâle sa figure devient pourpre. Une larme monte à sa paupière; un soupir arrive à ses lèvres ; larme aussitôt dévorée, soupir aussitôt comprimé.

Quelques convives remarquèrent l'incident; mais ignorant quelle terrible tempête il présageait, ils furent plutôt attendris et ils murmuraient respectueusement que de mémoire d'homme on n'avait vu à Florence des époux plus beaux, plus heureux, plus amoureux.

On se lève de table ; la compagnie se répand par les jardins. Un serviteur fidèle, sur un signe du duc qui lui en a transmis l'ordre secret, amène devant lui un magnifique cheval arabe. Le seigneur Jacopo, prenant en main les rênes par un geste plein de grâce, se tourne vers les assistants et leur dit être attendu par le très-excellent et très-honorable grand-duc... le respect lui défend, et l'affection qu'il porte à un si bon maître, ne lui permet pas de manquer à ce rendez-vous :

« Demeurez, messieurs, ajouta-t-il, disposez à votre gré de tout ce que peut vous offrir mon humble maison; peut-être ne reviendrai-je que tard dans la nuit. En tout cas, je vous laisse à Mme Veronica ; elle a trop en elle-même le sentiment de la courtoisie pour qu'il soit besoin de la presser d'être ce qu'elle a été et sera toujours, le plus bel ornement des deux maisons Cybo [1] et Salviati. »

[1] Les Cybo étaient d'antique et illustre race. Etablis à Gênes dès la seconde moitié du dixième siècle, ils occupèrent constamment les charges importantes de la république. Leur entrée dans la grande histoire italienne date de Arano Cybo, qui, après avoir partagé quelque temps avec Thomas de Frégose le gouvernement de Gênes, devint vice-roi de Naples pour René d'Anjou, défendit la ville (1442) contre Alphonse d'Aragon, et, forcé de se rendre, fut confirmé par le vainqueur dans sa vice-royauté; plus tard, Calixte III le chargea d'administrer les États de l'Église. Son fils, J.-B. Cybo,

Et, sans attendre de réponse, tandis que l'on répétait autour de lui : « Vous êtes le maître, — faites à votre guise, — le devoir avant tout, » et autres phrases du même genre que l'on débite sans se faire faute de blâmer ensuite tout bas ce que l'on a loué tout haut, — sans attendre de réponse, le duc saisit la crinière, s'enlève d'un bond en selle et lance son cheval au galop. A un endroit où il n'avait plus à craindre ni les regards ni la voix de la duchesse, il se retourne et voit les convives la face tournée vers lui. Une bouffée d'orgueil lui monte à la tête, et malgré son empressement à gagner Florence, il arrête tout à coup son cheval ; celui-ci devient immobile comme s'il eût été coulé en bronze, puis faisant des voltes et des courbettes, il voltige à droite, à gauche, part comme s'il devait franchir une barrière, exécute en un mot les diverses évolutions qu'un bon cheval ne refuse pas à une main habile. Les assistants dans l'admiration adressaient leurs compliments à la duchesse ; les femmes ne se lassaient pas de porter aux nues ce merveilleux cavalier. Ces louanges étaient autant de coups de poignard dans le cœur de cette malheureuse épouse ; elle aussi avait des yeux pour reconnaître cet attrait si grand, un esprit pour apprécier, une âme pour aimer passionnément cet homme qu'elle sentait, à n'en pouvoir douter, perdu à jamais pour elle. Le duc disparut au milieu d'un nuage de poussière.

porta la tiare sous le nom d'Innocent VIII. Les Cybo donnèrent de nombreux cardinaux à l'Église ; parmi eux, le célèbre Innocent Cybo, petit-fils du pape Innocent VIII, et, par sa mère, Madeleine de Médicis, de Laurent le Magnifique. C'est lui qui, après l'assassinat d'Alexandre de Médicis, refusa la souveraineté de Florence.

Avec de telles alliances, les Cybo ne pouvaient manquer de se tailler quelque part dans cette Italie tourmentée et morcelée ou d'y trouver à leur mesure une souveraineté quelconque. Au seizième siècle, en effet, ils entrèrent en possession des villes et fiefs de Massa Carrara, qui appartenaient antérieurement, à titre de marquisat, aux Malaspina, et ils ajoutèrent à leur nom celui de cette famille. En 1568, Alberico Iᵉʳ, Cybo-Malaspina, fut fait prince de l'Empire et de Massa. C'est le grand-père de Veronica Cybo. En 1660, la principauté fut changée en duché et devint le duché de Massa-Carrara, que la maison d'Este acquit par mariage en 1743, la ligne mâle des Cybo étant éteinte. Depuis lors, le duché a fait partie du duché de Modène et a suivi ses changements, dislocations et annexions.

IV

La porte de la chambre où repose l'enfant s'ouvre avec violence et livre passage à l'impétueuse duchesse. Sans prendre garde si on l'observe, elle se précipite sur le balcon, et là, les coudes appuyés sur la balustrade, le visage affaissé sur ses deux mains, elle donne tous ses regards au duc s'éloignant au galop. Qui pourra jamais peindre l'enfer de cette âme exaspérée! Veronica Cybo frappait du pied, sanglotait, frémissait, s'arrachait des boucles entières de cheveux, et tremblait, tremblait comme si elle eût été saisie par le frisson de la fièvre.

« Jacopo, disait-elle à travers ses sanglots, n'y va pas... Jacopo, reviens... Jacopo, sauve-moi de la tentation du démon! Dans ce cœur ou toi ou Lucifer! Si je t'ai jamais offensé, si en quelque chose je t'ai déplu, Jacopo, j'en demande pardon à Dieu d'abord, à toi ensuite. Me veux-tu à l'avenir plus soumise... je tâcherai... je parviendrai... je ne te dirai pas de paroles amères... mais reviens... Malheur à moi... il s'éloigne toujours davantage!... Duc, reviens, par l'amour que tu portes à tes parents morts et dont c'est demain la fête; ne brise pas le cœur d'une femme, de ta pauvre femme à toi, de la mère de ton enfant... Oh! douleur, à peine si je l'aperçois... Pitié, Salviati! » et changeant d'attitude, elle tend les bras en dehors du balcon. « Pitié pour moi! si tu le veux, je renoncerai à mon rang d'épouse; je serai ta servante, si tu l'exiges; retire-moi ton amour... ne m'aime plus... j'y consens... ne m'aime plus... mais n'en aime pas une autre... Christ! il a disparu, et dans une heure, dans quelques instants... où sera-t-il?... ô Christ! »

Ivre de fureur, elle abandonne le balcon et parcourt la chambre, proférant ces mots entrecoupés :

« Cruels exemples! souvenirs! désespoirs! deuil éternel!... Nous lui arracherions le cœur et nous le lui jetterions à la face! Peut-être ne me trahit-il pas?... Oh! si, il est d'une race de traîtres... Plutôt les tuer tous deux! Plutôt... » ici sa voix devenait rauque, « qu'il me trouve morte dans ce lit, et à côté de moi son fils, mort lui aussi. » Et elle se rapprocha du lit.

L'enfant s'était éveillé; son regard avait la limpidité que le sommeil donne aux yeux des enfants; son sourire reflétait les joies du paradis; soulevé sur le lit, il étendait ses petites mains vers la duchesse.

« Maman ! » appelait-il.

Veronica Cybo se jette sur le lit, se baisse vers son fils et l'embrasse, l'inonde de larmes, le presse contre elle, l'embrasse encore, lui demande pardon... si fort, si longtemps, que l'enfant disait :

« Mère, tu me fais tant de mal ! »

Et elle :

« Laisse-moi faire, cela me fait tant de bien ! »

Un peu de calme succède à cette explosion de douleur. Après une longue réflexion, la duchesse se reprend à dire :

« Que possède-t-elle donc de plus que moi cette Catherine, pour me voler ainsi le cœur de mon mari?... Fille du peuple, elle ne doit rien entendre à nos délicatesses de sentiments. Elle a été élevée, me dit-on, dans la boue... Ce doit être une de ces femmes sans pudeur... et qui sait?... peut-être on m'a trompée. Ah ! pourquoi la beauté, qui devrait n'appartenir qu'aux anges, est-elle donnée aussi à de pareilles créatures?... Est-elle vraiment aussi belle?... voyons !... La marquise Cecilia m'a procuré son portrait ; pauvre amie ! que de grâces ne lui dois-je pas ! voyons ! »

Elle approche en toute hâte une table du balcon pour avoir plus de clarté, et sur cette table place un miroir. Elle s'asseoit, arrange son voile et ses cheveux, rend à ses traits un air de douceur et appelle sur ses lèvres le charme d'un sourire ; enfin, tirant de son sein une miniature admirablement peinte, elle la regarde avec une expression qu'aucun langage humain ne saurait rendre.

Ce portrait était celui d'une jeune femme, remarquable par d'abondants cheveux blonds et par la suave douceur de ses yeux, bleus comme l'azur. Le front offrait tant de candeur, tant de pureté, que l'ange lui-même de l'innocence n'eût pas hésité à le bénir d'un baiser. Ce visage respirait dans son ensemble une telle pudeur, qu'on était plus près de l'adorer que de l'aimer, ainsi qu'il arrive lorsque l'on contemple avec un profond sentiment de l'art les Vierges de Raphaël.

La jalousie avait bouleversé l'âme de la duchesse, et avec l'âme, son visage. Elle pressent sa défaite ; elle craint d'affronter de nouveau le miroir ; la fatalité l'y pousse, elle regarde... La beauté de sa rivale est dans son éclat ; la sienne, déjà fanée.

« Moi aussi, j'ai été fraîche à faire envie à une fleur... C'est toi, Salviati, qui as flétri ces lèvres, où tu as bu avidement à si longs traits le bonheur... Si mon regard s'est éteint, c'est que mon sein, fécondé par toi, cher époux, t'a donné ce fils, ton orgueil et ta joie... Hélas ! le cœur d'une femme, d'une épouse, dans les mains d'un homme, est peut-être comme le papillon entre les mains d'un méchant enfant : il lui arrache une aile, puis l'autre ; lorsqu'il l'a ainsi déchiré, il le foule aux pieds en riant... Moi aussi j'ai été heureuse, j'allais, je chantais comme l'oiseau au printemps. Qui a livré mon âme au serpent de la jalousie ? Qui en a fait un nid de vipères ? Si je pouvais espérer presser encore contre ma poitrine cet époux tant aimé, le sourire reparaîtrait peut-être sur ce pâle visage, et peut-être ce front retrouverait sa sérénité... Essaye au moins, Salviati, essaye, et après, abandonne-moi à ma triste destinée. »

La rivale de la duchesse atteint à peine sa dix-huitième année... La duchesse a dépassé vingt-six ans !..

De combien ? elle n'ose se l'avouer à elle-même[1]. Son âge est pour elle une épouvante ; chacune de ses années lui apparaît cruelle, sifflante, venimeuse comme les serpents qui forment la chevelure de Méduse, ce monstre vomi par l'enfer. Ses autres angoisses sont psychologiques ; elle peut les analyser, les discuter ; mais le chiffre fatal de ses années flamboie devant elle, comme le *Mane, thecel, pharès* du festin de Balthazar... Il lui glace le sang, il étouffe sa pensée ; mille étincelles éblouissent sa vue ; un bourdonnement insupportable martèle ses oreilles...

D'une main épuisée elle repousse le portrait... ses lèvres s'agitent sans trouver une parole...

[1] Veronica Cybo naquit en 1615. Voir Viani, *Memorie di casa Cybo*.
(*Note de l'Auteur.*)

« Mère, s'écria l'enfant, pourquoi te rendre si laide?...

— Laide! Toi aussi, tu as plaisir à mes douleurs!... Tous in-
justes, tous contre moi. Cette Cecilia, qui a pris tant de peine à
me procurer ce portrait, n'aurait-elle pas voulu m'humilier?...
Quoi, je doute encore?... Ah! c'était là sa pensée... et j'ai re-
mercié cette perfide amie!... Qu'ils soient tous contre moi!...
Mais toi, vipère réchauffée dans mon sein, devais-tu te joindre
aux ennemis de ta mère!... Je suis laide aujourd'hui!... j'étais
belle avant de t'avoir enfanté... le sais-tu? Mon flanc t'a porté
neuf mois : je t'ai donné la vie au milieu des douleurs... tu
m'as fait ce que je suis, vile créature!... et tu mords ce sein où
tu as bu l'existence, fils de traître, petit-fils de traître!... Maudit soit le jour où je t'ai conçu! Que ta vie soit pleine de deuil,
ta mort infamante... Puisse une épouse infidèle te rendre au
centuple ce que ton père m'inflige à moi! Tiens, misérable enfant! tiens, traître! pleure toi aussi, toi aussi souffre!... »

Sous ce flot de paroles furieuses, sous ces coups qui lui tom-
bent sur la tête et sur le visage, l'enfant reste comme étourdi ;
bientôt il éclate en sanglots que rien ne peut arrêter et qui lui
serrent la gorge à croire qu'il va étouffer... Il faisait vraiment
pitié.

Au milieu des plus grandes tourmentes de l'âme, à la plainte
de l'enfant tressaillent les entrailles de la mère. Veronica tourne
tout à coup contre elle-même une main déjà levée encore sur
l'enfant, elle se frappe violemment au front :

« Je me fais horreur! » s'écrie-t-elle.

Aux fureurs qui la dominaient se joignent les remords de la
cruauté criminelle qu'elle a montrée envers son propre sang, la
douleur de son fils, la terreur d'avoir mérité son éternelle haine.
Des visions horribles tourbillonnent dans son esprit. Parmi tant
de moyens de vengeance, un l'arrête... le plus terrible... elle le
choisit... le couve comme un trésor, et de sa main droite pressant son front à l'endroit où les sourcils se séparent, elle pro-
nonce d'une voix rauque ces seules paroles : « J'ai décidé. »

Cette nuit même, Giomo Pelliccia, surnommé Margutte[1],
bravo aux gages de la famille Cybo, enfourchait un vigoureux

____
[1] De Margutto, mot italien qui signifie laid et malicieux.

cheval, et, armé jusqu'aux dents, partait pour Massa par ordre de la duchesse.

V

Auprès de l'église de Santo Ambrogio, à l'extrémité de la via dei Pilastri[1], se trouvait la maison de Giustino Canacci, marchand florentin. Le soir du 1er novembre 1637, dans une vaste et froide salle de cette maison, une jeune femme (celle dont nous avons vu le portrait entre les mains de Mme Veronica) était solitairement assise devant une table, proche d'une porte donnant dans une chambre. Au premier abord cette femme paraissait absorbée par l'ouvrage qui occupait ses doigts, mais avec un peu d'attention, on eût vu son aiguille tantôt s'arrêter, tantôt courir dans une direction opposée à celle qu'elle devait suivre. Une respiration pénible soulevait sa gorge ; elle essuyait fréquemment la sueur qui inondait son visage ; tout à coup elle relevait la tête et, les yeux fermés, la tournait à droite et à gauche, de telle sorte que la tête redevenue immobile, ses belles boucles blondes se balançaient encore, semblables aux chaînettes d'or suspendues au-dessous d'un lustre ; à ces divers signes, l'homme le moins observateur eût affirmé sous serment : Dans le cœur de cette femme n'habite pas la paix.

Une voix languissante, partant de l'intérieur de la chambre près de laquelle est assise la belle Catherine, rompt le silence :

« Catherine, j'ai regret de te savoir seule dans une pareille glacière... Que ne viens-tu dans ma chambre... tu y serais mieux. Cette année-ci, le froid est plus précoce et plus rude que d'ordinaire...

— Ne prenez pas souci à cause de moi, mon cher Giustino ; la lumière vous fatiguerait, et le bruit que je fais en travaillant troublerait votre sommeil... Reposez... que vos yeux se ferment au moins cette nuit.

— Et qu'importe !... ma vie est aux trois quarts consumée... Pour un homme de mon âge, chaque minute peut être celle de sa mort. S'inquiéter à cause de moi, ce serait semer du grain

[1] A Florence.

sur la Gonfolina[1]. Viens, viens, ne reste pas exposée à ce froid.

— Avez-vous besoin de quelque chose, Giustino? Parlez, je suis là pour vous servir. Mais si c'est seulement l'intérêt pour moi qui vous pousse, merci, encore merci! laissez-moi où je suis. La chaleur m'accable...

— A ton aise, ma fille! Ah! bienheureuse jeunesse! »

La jeune femme s'efforce à retenir son souffle. Souvent elle tend l'oreille vers la porte, épiant si le vieillard s'est endormi, puis lève les yeux sur une pendule à balancier accrochée en face d'elle à la muraille, — et il semble qu'elle ne voit pas sans frissonner l'aiguille avancer vers une certaine heure; — abaissant ensuite ses regards, elle les fixe, pleins d'anxiété, sur la porte donnant accès à l'escalier.

L'amour rend les sens plus parfaits, — vérité passée à l'état d'axiome. Catherine a entendu un bruit : son cœur ne s'y trompera pas. Elle se lève, et semblable à ces oiseaux qui en marchant s'aident de leurs ailes, elle court, touchant à peine terre, à la porte d'entrée de la maison.

Un désir non moins vif étreignait sûrement celui qu'elle attendait; à peine la porte lui livre-t-elle passage, qu'écartant aussitôt son manteau, il ouvre ses bras à Catherine. La pauvre femme s'y laisse tomber.

« Jacopo, dit Catherine, sainte Vierge, comme vous êtes mouillé! — Et elle lui ôtait son manteau. — Le temps est donc devenu mauvais?

— Il se prépare une nuit d'enfer.

— Sans doute; il doit en être ainsi; la tempête des Morts.

— Qu'ont à faire les morts avec la tempête?

— Pour moi, je ne saurais le dire; il est certain, cependant, que la nuit des Morts il y a toujours une tempête. Je me souviens avoir entendu raconter par de saintes femmes que Dieu, dans sa miséricorde, permet, cette nuit-là, aux morts d'abandonner leurs antiques sépultures et de visiter les lieux qu'ils ont quittés. Ceux qui, pendant leur vie, ont été des justes, mettent

---

[1] *La Gonfolina*, roche de haute et vaste dimension, située entre Empoli et Florence, à un coude de l'Arno. On l'aperçoit du chemin de fer. Un proverbe toscan y fait allusion : *E duro come il sasso della Gonfolina.* (Il est dur comme le rocher de la Gonfolina.)

à profit cette grâce pour revenir au milieu de ceux qu'ils aimè-
rent, les avertir de la bonne ou de la mauvaise fortune, et les for-
tifier par quelques sages conseils ; les pêcheurs, au contraire, se
répandent par les airs et s'emparent du vent, du tonnerre, de
l'ouragan ; ils soulèvent les flots de la mer, et le lendemain,
sur le rivage, il y a une veuve et un cadavre ; ou bien ils par-
courent la terre, et, se transformant en feux trompeurs, volti-
gent devant le voyageur égaré et le mènent à l'abîme ; de petits
monticules de terre surmontés d'une croix marquent l'endroit
où sont ensevelis ces malheureuses victimes.

— Espérons, interrompit le jeune homme toujours souriant,
espérons qu'ils nous épargneront leur visite : je les tiens trop
gens de bien et trop discrets pour ne pas croire qu'ils s'aperce-
vraient que même un mort serait de trop entre nous. Il nous
suffit d'être seuls, n'est-il pas vrai, Catherine ? Mais, dis-moi,
depuis que nous nous sommes vus, as-tu toujours pensé à moi,
ajoute-t-il en s'asseyant près d'elle ?

— Et toi, Ciapo [1] ?

— Oui, certes... par saint Georges... mais toi ?

— Moi, non. J'ai pensé et longuement à d'autres.

— Et tu oses me le dire... »

Catherine, moitié souriante, répond avec douceur :

« J'ai pensé à l'âme de ma mère.

— Et pourquoi as-tu pensé à ta mère ?

— Oh ! excuse-toi plutôt de n'avoir pas pensé à la tienne.
N'est-ce pas demain le jour des Morts ? malheur à celui qui ne
peut penser à sa mère ; si la faute est à lui, c'est un méchant
cœur ; si la faute est à sa mère, il est bien à plaindre.

— Tu l'aimais donc bien ta mère ! interrompit avec précipitation le jeune homme, à qui l'observation de Catherine rappelait peut-être une faute... ou une douleur.

— Si je l'aimais !... jamais autant qu'elle le méritait ! —
Miséricorde, quel éclair ! s'écrie tout à coup Catherine en se
signant. Quelle épouvante ! Le tonnerre sera tombé !

— Un peu plus, il brisait toutes les vitres.

— Pour cela, il n'y a rien à craindre. Le jour des Rameaux,

---

[1] Ciapo, diminutif de Jacopo.

j'ai attaché de mes mains aux fenêtres l'olivier béni. Mais il sera tombé près d'ici... peut-être sur le clocher de Sant' Ambrogio... Ciapo, je t'en prie, ferme bien tous les volets... fais doucement... tu sais qu'il ne faut pas *l'éveiller*... Ah ! que j'ai peur ! »

Les volets furent fermés avec précaution.

« Catherine, cria à l'improviste le vieux Giustino, tu a dû avoir bien peur ?

— Moi, peur, répondit Catherine, suis-je née d'hier ? n'ai-je pas d'autres fois en ma vie entendu le tonnerre ?

— Va, je le sais, tu es une fille courageuse. Mais, mon Dieu, où peut être ce maudit Baccio ? C'est un misérable, mais il est de mon sang.

— Et où voulez-vous qu'il soit, sinon à l'auberge *del Giardino*[1] ? il a bien trop peur de l'eau pour ne pas s'être mis à l'abri quelque part. »

La pâleur de son visage démentait la gaieté qu'elle affectait. Ciapo revint tout doucement reprendre sa place auprès de Catherine. Ils gardèrent longtemps le silence.

La tempête continue. De temps en temps le vent s'engouffre avec fracas dans les fenêtres et les ébranle à faire croire qu'il va les briser.

Catherine reprend :

« Si je l'aimais ! si elle était digne de mon amour ! pauvre mère ! Ecoute, Ciapo ; rapproche-toi de moi et prête-moi toute ton attention. Mon père était marchand dans l'art de Por Santa Maria[2]. Tant que son commerce prospéra, il eut des amis. Ses opérations devinrent moins heureuses, et je me souviens, bien qu'alors je fusse un enfant, l'avoir entendu souvent se plaindre, non de ses malheurs, mais des malheurs publics. La Toscane, disait-il, ne se relèvera plus. Les Hollandais ont le monopole du commerce avec l'Espagne et le Portugal. Leurs manufactures rendent les nôtres inutiles. On a rempli Livourne d'étrangers,

---

[1] Du Jardin ; auberge existant alors dans la via dei Pilastri. Voir *Cicalata di Bastiano do Rossi. Ecrit florentin, p. 3, v. II.*   (*Note de l'Auteur.*)

[2] L'art de la soie. Chaque art était exercé, à Florence, dans un quartier spécial et en prenait le nom. L'art de la soie était un de ceux dans lequel la noblesse pouvait, sans déroger, se faire inscrire.

qui font le commerce et l'enlèvent aux Toscans : des mesures prises à faux et sans suite appauvrissent le peuple. On veut cacher le mal, comme à la première apparition de la peste ; mais l'abîme se montrera tout à coup ; il sera trop tard [1]. Ce que mon père avait prévu arriva. Failli, malheureux, ses amis s'éloignèrent de lui peu à peu. La bouche des hommes de loi (pourquoi ne peut-il être parlé de leur cœur ?) resta muette pour la défense du marchand imprudemment honnête. Mon père mourut écrasé par le chagrin et la honte. Ma mère n'avait de secours à attendre de personne ; elle se contenta d'un grenier dans cette maison même et conforma sa manière de vivre à la dureté des circonstances. Grâce à ces sacrifices, elle put conjurer quelque temps la misère. S'il lui échappait une parole de regret ou d'envie, pauvre mère, c'était à cause de moi. Le dimanche, de sa lucarne, elle voyait passer dans la rue les femmes et les jeunes filles se rendant à Sant' Ambrogio, couvertes d'habits magnifiques et de bijoux en or ; elle tournait alors les yeux de mon côté et soupirait, se rapprochait de moi, lissait mes cheveux de ses deux mains, et s'écriait dans un accès d'orgueil maternel : « De « semblables parures ne se trouvent pas chez les marchands ! » Au milieu de ces souffrances nous atteignîmes le mois de mai 1630, époque où la peste, après avoir ravagé la Lombardie, fit irruption de Bologne en Toscane ; avec la peste, la famine. Imagine-toi ce que dut être notre vie ! A travers les chocs et les malédictions, elle, ma mère, heurtant, heurtée, parvenait, les vêtements en lambeaux, le visage déchiré, aux magasins que le grand-duc avait fait ouvrir pour venir en aide au peuple. — Un jour, je l'attendais vainement, elle ne revint que le soir ; j'avais à peine mangé la veille, j'éprouvais toute l'angoisse de la faim. Aussitôt que j'entendis le bruit de ses pas, je me précipitai, m'écriant du haut de l'escalier : Mère, je meurs de faim ! Et elle, exténuée par l'inanition, se force à gravir l'escalier deux marches à la fois ; elle arrive haletante, et, jetant un morceau de pain sur la table, se laisse tomber sur le lit. N'écoutant que la faim, je ne fais nulle attention à ma mère, jusqu'au moment où, le

---

[1] Voir Galluzzi, *Histoire*, liv. VI chap. VIII. Edit. de Livourne, t. VI p 26.

morceau de pain dévoré, je lui demande si elle n'en avait pas encore un autre; je n'étais pas rassasiée ! Ma pauvre mère se prit à sangloter; je compris ma cruauté, et le remords me fit fondre en larmes à mon tour. La nuit vint; ma mère, dans sa sollicitude, exigea que je me misse au lit et m'exhorta à me recommander à Dieu, m'assurant que le lendemain un sort plus heureux m'attendait. Je me couchai suppliant Jésus et la Madone de daigner jeter sur nous un regard de miséricorde. Ma mère alluma une lampe et commença à filer; mais ses lèvres arides n'humectaient plus le chanvre, ses doigts affaiblis refusaient toute fatigue nouvelle, sa tête vacillait.. Puis, tout à coup la lumière fait mine de s'éteindre, ma mère se lève péniblement et va prendre dans l'armoire le vase renfermant l'huile ; elle le renverse sur la lampe, le vase était vide... elle se rassied, et les yeux fixés sur la flamme mourante elle murmure, plutôt qu'elle ne dit : « Demain, ma Catherine s'éteindra ainsi...
« je suis à bout d'efforts, je n'ai rien mangé de tout le jour ; je
« ne sortirai plus que morte de cette maison ; le monde est
« plein de Ruth, mais les Booz ne se rencontrent que dans
« l'Ancien Testament. Ils sont donc bien grands mes péchés,
« pour que vous, ô mon Dieu, qui, dans votre bonté nourris-
« sez le passereau sur les toits, qui préservez le lis de la vallée,
« qui avez donné à l'agneau une toison pour le garantir du
« froid, vous nous accabliez d'une telle misère ! » La lampe
s'est s'éteinte..., ma mère tombe évanouie de sa chaise sur le plancher. Je m'élance de mon lit, je la cherche à tâtons ; je la trouve, elle était froide comme l'est un cadavre... Eperdue, à peine vêtue, je me précipite au dehors criant : Ma mère est morte ! Personne ne bougea ; quelques-uns même, craignant que la mort n'eût été causée par la peste, barricadèrent leurs portes. Giustino seul ouvrit à mes cris, et, prenant une lumière, accourut auprès de ma mère. Excellent Giustino ! il la releva de terre entre ses bras sans peur de la contagion, la plaça sur le lit et lui donna tous les soins possibles... je m'en souviens...
— Jésus Marie, s'écria Catherine cachant sa figure dans la poitrine du jeune homme, toutes les foudres du ciel vont-elles tomber sur cette maison ?

— Courage, peureuse ; rappelle-toi ces vers du Tasse que

nous lisions hier : « Périsse le monde, qu'il s'ensevelisse sous
« ses propres ruines ; pour moi, je n'ai souci que de ce qui le
« plus me plaît et me divertit. Si je dois devenir poussière,
« poussière j'ai été. »

— Rappelle-toi plutôt une prière, répliqua Catherine, et
tâche de la réciter pieusement. »

Un nouveau silence suit, interrompu seulement par le bruit
monotone que fait la pluie en tombant.

« Et si maintenant, reprend après un assez long espace de
temps Catherine préoccupée d'une grave pensée, et si maintenant m'apparaissait l'âme de ma mère, moi qui l'invoquais, l'année dernière encore, de mes vœux les plus ardents et la suppliais
de venir à mon chevet, de me parler, de ne pas m'abandonner,
si aujourd'hui elle m'apparaissait, où cacherais-je ce front
rouge de honte ?

— Catherine, là, sur mon cœur...

— C'est ainsi, me dirait-elle, que tu pratiques les enseigne-
ments de ta mère ! C'est là le cas que tu fais de son souvenir !
Cet honneur sans tache, le seul héritage que nous t'ayons laissé,
ton père et moi, comment l'as-tu conservé ? C'est là cette recon-
naissance que tu portes à ce pauvre vieillard qui t'a recueillie,
qui t'a fait asseoir à son foyer de famille, qui, ne pouvant t'appeler sa fille, a voulu te donner le nom d'épouse ? Il t'a sauvé la
vie, tu le payes avec de la honte. Crois-tu que Dieu autorise de
pareilles actions ? crois-tu que ta faute te rendra heureuse ? Non,
tout germe produit son fruit ; ta faute sera punie, le remords
t'attend dans cette vie, l'enfer dans l'autre !... — O ma mère !

— Catherine, pourquoi te tourmenter ainsi, te créer des fan-
tômes qui t'épouvantent ? Tu exagères le bienfait de ce vieillard ; qu'a-t-il fait, sinon ce que tout vieillard avare aurait fait
à sa place ? Il s'est emparé d'un trésor. En échange d'un morceau de pain prétend-t-il donc que tu lui sacrifies la fleur entière de ta jeunesse ? Tu verras que, même mort, il étendra vers
toi de son sépulcre une main décharnée pour te retenir comme
un bien encore à lui ; peut-être te laissera-t-il vivre, si tu lui
jures d'être vivante dans le monde comme lui mort dans la
tombe.

— Mon Ciapo est un beau parleur, mais, vois-tu, Dieu a mis

en moi un sens qui résiste à tout ce qui n'est pas la simple vérité. Mourir de soif, implorer un peu d'eau de la charité, l'obtenir et souiller le vase... c'est une action mauvaise ! »

Un fracas terrible coupe la parole à Catherine. Les fenêtres s'ouvrent dans toute leur largeur. Les vitres volent en éclats faisant entendre un bruit sec, aigu, prolongé jusqu'à ce que le vent, après les avoir brisées en mille pièces, les emporte au loin. Les châssis rompus battent contre la muraille et couvrent le plancher de leurs débris. Un tourbillon envahit la chambre ; meubles, lumière, tout est renversé. Bientôt des flancs déchirés du ciel part un coup de tonnerre qui ébranle la maison jusque dans ses fondements ; un sillon de feu remplit la chambre de clarté ! Un frisson d'horreur parcourt les veines de Catherine et de celui qu'elle appelle Ciapo ; ils jettent autour d'eux des regards d'épouvante. Que voient-ils ? Un spectre enveloppé d'un long linceul, les cheveux blancs et épars, qui agite sa main droite et la lève comme pour maudire.

Cela dure un instant, puis l'obscurité.

Mais, du sein de ces ténèbres, que rendent plus effrayantes les grondements du tonnerre, une voix sort et Catherine se sent touchée au milieu du front.

« Catherine, dit cette voix, pourquoi avoir déshonoré mes cheveux blancs ? pourquoi tant de hâte ? si tu avais patienté quelques jours encore, tu restais pure et je mourais en paix... Aujourd'hui je descends dans la tombe désespéré, mais sans rancune contre toi. Prends mon testament ; je te laisse maîtresse de toi-même et de tous mes biens. Puisse Dieu te pardonner comme je te pardonne moi-même, du fond de l'âme. Et vous, que j'ai connu seulement par la douleur dont vous remplissez mon heure dernière, vous que je n'ai vu qu'à la lueur de la foudre, si vous devez l'aimer toujours, toujours la rendre heureuse, je quitte cette terre vous pardonnant à vous aussi ! »

Alors des pas chancelants comme ceux d'un homme sur le point de tomber, puis le bruit d'une chute.

Le malheureux Canacci gisait étendu sur le plancher ; ils le relèvent et le déposent sur le lit.

Ciapo va prendre une lumière, il l'approche du visage du vieillard ; il était bleu, les yeux fixes, vitrifiés.

Ciapo se sent envahi par un nouveau frisson ; ne pouvant supporter un pareil spectacle, il fait un pas en arrière. « Il n'a plus besoin que d'un prêtre, » murmure-t-il.

Catherine semblait, comme Niobé, changée en pierre : immobile auprès du lit, elle ne pleure pas, elle ne parle pas, son sein même n'est pas soulevé.

Sans chapeau, sans manteau, Ciapo vole à Sant' Ambrogio ; il en ramène un prêtre, qui le suit en courant et portant le viatique, l'huile sainte, la lanterne.

Le prêtre revêt alors son rochet, passe son étole et dispose tout pour l'exercice de son saint ministère, puis, se baissant jusqu'à l'oreille du moribond : « Signor Giustino, crie-t-il d'une voix pleine, signor Giustino, m'entendez-vous, me reconnaissez-vous ? Serrez-moi la main si vous me reconnaissez, il n'y a pas de temps à perdre. »

Et il lui administra l'extrême-onction.

Les prières latines récitées, le prêtre se reprend à crier en italien : « Jésus, Joseph et Marie, je vous recommande mon âme ! Prononcez ces paroles, signor Giustino, prononcez-les avec foi ! »

Giustino laissa entendre un son rauque ; il expirait.

« Pauvre signor Giustino, dit encore le prêtre, il est mort ! »

Catherine était là, pâle, immobile...

Appuyé contre une des colonnes du lit, tout entier à ses pensées, Ciapo n'entendait rien.

VI

Ce même soir, Bartolommeo Canacci, fils du défunt, et que Giustino avait eu de sa première femme, avait fait au cabaret ses prouesses accoutumées. Il s'était enivré, avait joué, avait perdu, et s'était pris de querelle avec ses compagnons ; le tout avait fini par une bagarre complète.

Le cabaretier, qui, se jetant dans la mêlée muni d'un bâton de sorbier, frappait par amour de la paix à deux mains sur les combattants, parvint à rétablir jusqu'à un certain point l'accord entre eux. Ils se mirent de nouveau à boire et à jouer, excepté Bartolommeo, qui, n'ayant plus d'argent et ne trouvant personne qui voulût jouer avec lui à crédit, jugea à propos de rentrer à la maison.

Arrivé devant la porte d'entrée, il la trouve ouverte ; les chambres du rez-de-chaussée sont dans l'obscurité ; il monte l'escalier ; partout le silence, la solitude ; il pénètre dans la salle, et il croit, ou plutôt il sent que les fenêtres en sont ouvertes et que l'eau de la pluie inonde tout à l'aise la pièce. Il ne sait qu'imaginer. Soudain un choc irrésistible le repousse en arrière et l'envoie donner des épaules et de la tête contre la muraille.

« *Diamine* [1], n'y voyez-vous donc pas? dit une voix.

— C'est permis dans cette obscurité, et vous ?

— Ah ! c'est vous, Baccio, répond le curé de Sant' Ambrogio, — c'était le prêtre, en effet, qui, dans sa précipitation à sortir, s'était heurté au Canacci [2], — toujours le même... toujours ivre... il est temps de changer d'existence... de s'occuper de l'âme...

— Révérence parler, je réussirai plus facilement, je crois, à m'occuper du corps...

— Taisez-vous... et repentez-vous une bonne fois... Savez-vous où vont les ivrognes ?...

— Pour ça, je le sais aussi bien que vous... ils vont où le vin est bon...

— En enfer, dans les flammes, sans merci, mauvais sujet... Allez dans l'autre chambre, et priez pour l'âme de votre père, il vient de mourir.

— A d'autres ! ce matin, quand je l'ai quitté, il était vivant? »

Le curé s'éloigna ; Baccio, décrivant des zigzags, entre-choquant ses jambes, bronchant, se redressant, mais sans jamais tomber, — spectacle que donnent journellement les ivrognes, — trouve enfin la porte et fait son entrée dans la chambre de son père.

Dans la mine de Bartolommeo Canacci, assurément un je ne sais quoi d'abject et de lâche prédominait. Bien que la science de

---

[1] *Diamine*, exclamation italienne très-usitée et dont l'équivalent serait, en français, *sac à papier*, juron innocent que le curé de Sant' Ambrogio a pu se permettre.

[2] Les Italiens font précéder de l'article un nom masculin ou féminin sans arrière-pensée ; en français, au contraire, l'article placé devant un nom propre, surtout celui d'une femme, n'a rien d'obligeant, comme on sait.

Lavater n'existât pas encore, vous eussiez pu lire sur ce visage la prédisposition à tous ces actes criminels dont se compose la famille variée des filouteries. Il lui manquait un œil ; sa tête, déprimée vers le front, rappelait celle des individus de la race féline ; son nez avait quelque chose de féroce et s'allongeait en forme de grouin ; sa face était en grande partie couverte de poils grossiers comme celle d'un orang-outang ; aussi lui disait-on souvent, en manière de plaisanterie, que ce qu'il y avait de mieux dans sa figure était ce que l'on n'en voyait pas. En un mot, sa physionomie empruntait chacun de ses traits à quelque animal carnassier et à l'âne son expression générale. Il cherchait à dissimuler cette laideur repoussante par des habits riches et à la dernière mode : soin inutile. Le paysan étrillant son haridelle s'ingénie à la faire briller sur le champ de foire sans y parvenir ; ainsi ces vêtements, qui, pour me servir d'une expression de Berni [1], « pleuraient égarés sur son dos, » faisaient, par leur recherche, venir à l'esprit de ceux qui connaissaient le personnage la pensée que des habits d'une couleur toute autre, mais plus éclatante, s'harmoniseraient mieux avec sa personne physique et sa personne morale, et que c'était là les seuls qu'il méritât de porter [2].

« Vieillard, bonsoir ! On prétend que vous êtes mort ! est-ce vrai ? Je ne veux le croire que si je tiens la chose de votre propre bouche. »

Et il s'approcha du lit, clignant son œil unique.

« Brûlez-lui sous le nez deux barbes de plumes, continuat-il ; ou plutôt dites-lui que le fermier est arrivé de Brozzi et qu'il apporte de l'argent ; vous verrez comme le vieux va sauter à bas du lit.

— Baccio, dit une des servantes, — toutes à genoux récitaient le rosaire, — votre père est mort !... il a reçu les saintes huiles... Priez pour lui !

---

[1] « Gli piangevano adosso furfantati. » Poésies de Francesco Berni, sonnet XVIII, adressé à Pietro Aretino.　　　　(*Note de l'Auteur.*)

[2] L'auteur veut dire que des vêtements rouges, ceux que portaient les bourreaux à cette époque, étaient les seuls qui convinssent à Canacci. Cela répond, dans un certain sens, à notre expression triviale : « Avoir une physionomie de valet de bourreau. »

— Si le vieux est mort, pardieu, sa nourrice ne l'a pas étranglé ! Depuis le temps que je suis au monde, je l'ai toujours connu plus vieux que moi... En fin de compte, il n'a que trop vécu...

— Seigneur, secourez-nous ! s'écrièrent les servantes en se signant ; entendez-vous comme il blasphème, ce renégat !

— Sorcières, si vous ne vous taisez pas, je vous envoie faire société à l'âme du défunt, là-haut ou là-bas, selon la route qu'il lui a plu de choisir... Il vaut mieux que je ne reste pas ici... la douleur m'étouffe... je retourne au cabaret pour l'étourdir et voir si je ne puis pas me rattraper... Hé ! vous autres, dendant que je cherche quelques sous... veillez bien sur lui... qu'il n'aille pas ressusciter au moins ! »

Il ouvre le secrétaire[1], fouille les tiroirs, les retourne, cherche dans tous les coins et recoins, sans trouver d'argent. De temps en temps, il se frappe le front et s'écrie :

« Où est-il passé, où a-t-il pu le mettre ? »

Tout à coup, son regard s'arrête sur Ciapo, il le reporte sur le secrétaire, le ramène sur Ciapo et, continuant plusieurs fois cette manœuvre, rend évidente la corrélation que son esprit établit entre le meuble vide et la présence du jeune homme. Tout son être dénote l'envie de se saisir de lui ; la peur le retient ; il reste hésitant entre sa convoitise et sa lâcheté. Voyant cependant que Ciapo ne fait nulle attention à lui, et qu'il pourrait, en se glissant par derrière, se rendre traîtreusement maître de lui, la cupidité l'emporte. Comme, aux forêts du Paraguay, le traître jaguar, tapi dans l'épais feuillage d'un arbre, surprend le bison imprudent, Baccio se jette à l'improviste sur le jeune homme.

---

[1] Il est à peine besoin de faire remarquer que le secrétaire ouvert par Baccio n'est nullement le meuble désigné actuellement par ce nom. On se servait, à l'époque de ce récit, de coffres d'une forme particulière, s'ouvrant sur l'une de leurs faces, à un ou à deux battants, présentant alors une rangée de tiroirs, et que l'on plaçait sur des sortes de consoles. Ces coffres, nommés *cabinets*, du mot italien *gabinetto*, étaient encore fort en vogue au siècle dernier, et sont aujourd'hui fort recherchés des amateurs de bric-à-brac. Si l'on a employé le mot *secrétaire*, qui rend l'idée, de préférence au mot *cabinet*, qui exprime techniquement l'objet, c'est par crainte que le terme spécial et peu usuel arrêtât quelques lecteurs. Cette note est donc pour les délicats.

Ciapo bondit vivement en arrière et, mis en défiance, tire son poignard et attend. Dans cette étreinte violente, un morceau de sa casaque demeure aux mains de Baccio. La casaque s'ouvre dans toute sa longueur et découvre, avec les autres marques du rang de Ciapo, un justaucorps en velours cramoisi, étoilé d'or, sur lequel est brodée la croix de l'ordre de Saint-Etienne [1]. Baccio s'arrête bouche béante, roulant son œil unique, comme frappé de stupeur ; les fumées de l'ivresse qui obscurcissaient son intelligence se dissipent ; il reconnaît le personnage qu'il a osé outrager. Pris de terreur, il tombe à genoux et, les bras en croix sur la poitrine, la tête basse, comme s'il attendait le coup de grâce, il balbutie d'une voix tremblante :

« Que le très-illustre duc de San Giuliano m'accorde miséricorde, par l'amour qu'il porte à l'illustre princesse Veronica, son épouse ! »

Le duc repousse son poignard dans le fourreau, et, tirant une bourse, la lui jette avec un geste de mépris :

« Va, prends, joue ; mais ôte-toi de devant mes yeux, » dit-il impérieusement.

La bourse l'atteignit en pleine poitrine, non sans lui causer une vive douleur; mais Bartolommeo, pensant que la force de la commotion devait être en rapport direct avec la pesanteur de la bourse, frotte d'une main la partie blessée, de l'autre s'aide à se remettre sur ses pieds ; puis, s'inclinant aussi bas que possible et imitant par son attitude les quadrupèdes, parmi lesquels la nature eût certes mieux fait de le ranger, il s'éloigne en disant :

« Grand merci, monsieur le duc ! Dans la maison de votre humble et très-obéissant serviteur, vous êtes maître absolu. Si je puis vons être utile, disposez... j'ai la manche large, l'on traite facilement avec moi. Quand Votre Seigneurie me dira :

---

[1] Créé, en 1562, par Cosme Ier, duc de Toscane, et qui lui valut, sept ans après, le titre de grand-duc. Cosme l'appela ordre de Saint-Etienne en mémoire de la bataille de Montemurlo, gagnée par lui sur Philippe Strozzi le jour de la fête de ce saint. L'ordre, modelé sur l'ordre de Malte, était, comme lui, institué à l'origine pour combattre le Turc. Il a été supprimé en novembre 1859.

« Baccio, ferme l'œil, » j'offre, comme elle voit, cet avantage de les fermer tous deux du même coup. »

Pendant ce colloque, un cri perçant avait retenti :

« Malheur à moi ! j'ai été trompée ! »

Lorsque le duc se retourna vers Catherine, il l'aperçut gisante à terre, rigide et blanche, comme une statue de marbre renversée de son piédestal.

VII

Peu avant l'aube du second jour de novembre, un coup très-faible fut frappé à une porte de la villa Salviati. Le fidèle serviteur qui avait veillé toute la nuit, l'oreille collée à cette porte, l'entendant, ouvre aussitôt ; il souhaite un respectueux bonjour à son maître. Celui-ci ne répond pas ; s'appuyant sur le bras du serviteur, il commence à gravir l'escalier.

L'obscurité ne permettait pas au serviteur de reconnaître le visage de son maître, il effleure sa main et la sent baignée d'une sueur glacée. Ils montent, faisant le moins de bruit possible, retenant jusqu'à leur souffle, et ils pénètrent dans une salle qui, d'un côté, donnait entrée dans les appartements du duc, et de l'autre, dans ceux de la duchesse.

Alors s'ouvre avec fracas la porte des appartements du duc : la duchesse en sort, tenant dans sa main droite un flambeau allumé. Elle était d'une pâleur mortelle ; ses yeux brillaient d'un feu fébrile ; vêtue de noir, les cheveux épars sur les épaules, c'était lady Macbeth, que le remords de ses crimes fait somnambule. Elle traverse la salle, et se dirigeant vers ses appartements, elle dit d'une voix rauque et sinistre :

« Bienvenu est notre maître à nous donner la félicité que notre cœur désire ! »

Le duc relève la tête ; la vision avait disparu.

VIII

La nuit de la Noël 1637, vers dix heures du soir, la porte de l'auberge del Giardino fut poussée avec grande précaution.

Ce bienheureux soir-là, l'auberge présentait vraiment un

coup d'œil splendide. Six ou huit tables dressées apparaissaient couvertes des nappes les plus blanches, de verres qui scintillaient et de *fiaschi*[1] dont le bouchon d'étoupe, débordant le goulot, faisait penser au panache blanc que Henri IV portait sur son casque lorsqu'il disait à ses compagnons : « Ne le perdez pas de vue, vous le trouverez toujours au chemin de l'honneur ! »

Ajoutez un feu qui n'eût pas déparé la cheminée du diable, attisé dans le but innocent de rôtir des chapons et des pigeons qui paraissaient pleinement satisfaits à l'avance de l'heureux sort qu'ils savaient leur être réservé, puisque tel est le destin des chapons, des pigeons et de leurs semblables, de terminer leurs jours embrochés et rôtis, comme l'enseigne l'expérience, laquelle, Aristote en prévient, est la maîtresse suprême de toutes choses.

Mais les acteurs manquaient au drame ; ils étaient encore à l'église, où ils s'occupaient dévotement aux choses de l'âme. *Omnia tempus habent* ; il y a temps pour pleurer ; il y a temps pour rire ; il y a temps pour jeûner ; il y a temps pour manger... c'est l'Ecclésiaste qui le dit.

D'ailleurs, vous le savez, quelle solennité religieuse ou civile, quel acte de la vie de famille ou de la vie politique qui ne se terminent par un repas ? Vous naît-il un fils, vous invitez vos amis à dîner ; vous mourez, vite le banquet des funérailles ; prenez-vous femme (le mariage, en vérité, devait avoir la préséance sur la mort ; c'est écrit maintenant, je ne veux pas raturer), vous prenez femme, le festin des noces a lieu... La table et la tombe réunissent toutes les opinions. A table convergent, comme à un centre commun, tous les rayons des intelligences humaines. Là, Mirabeau et Danton se reposaient des séances de l'Assemblée législative et de la Convention ; là, au sortir des discussions du congrès de Vienne, Metternich et Talleyrand se trouvaient du même avis. A table, plus de ruses, plus de dissimulations, plus de désordres, plus de rancunes ; ils mangeaient tous, et ils mangeaient de bonne foi. A table seraient tombés d'accord fra

---

[1] Bouteilles de verre blanc, entourée aux deux tiers de paille tressée et que ferme un bouchon mobile en paille ou en étoupe, séparé du vin par quelques gouttes d'huile. Encore en usage en Toscane.

Paolo Sarpi et le cardinal Pallavicino [1], le cardinal Bellarmin [2] et Martin Luther. N'est-ce pas à ce dernier, — du moins à ce qu'on lit, — que Henri, duc de Brunswick, envoya en cadeau, à l'issue de la diète de Worms, un grand pot rempli de bière pour être bu à son dîner ?... Il était si bavard, ce Luther !

De l'embrasure de la porte sort une tête couverte d'un chapeau conique, dont les larges bords cachent, l'un un sourcil, un œil et une partie de la joue, l'autre à peine la moitié du front; mais une plume noire tombante traversait, comme une ligne tirée par pudeur préventive, un visage où certes la pudeur ne se fût jamais aventurée.

Parcourant du regard l'intérieur de la salle, et découvrant dans un coin Bartolommeo Canacci qui, les cartes en main, jouait contre lui-même à la bassette, l'inconnu se montre en entier sur le pas de la porte. On eût dit un géant ; enveloppé jusqu'au menton d'un large manteau, il se dirige vers Canacci et le joint au moment où celui-ci s'écriait :

« Maudit sort ! c'est à vouloir changer de peau ! c'est à se battre ! Maintenant que je joue contre moi-même, je ne perds plus ! »

L'inconnu se laisse tomber de tout son poids sur un banc et, frappant fortement sur la table de sa main grande ouverte :

« Hôtelier, crie-t-il, du vin ! »

Baccio fait un tel soubresaut, que peu s'en fallut qu'il ne tombât à la renverse ; cartes, vaisselle, tout ce qui est posé sur la table est ébranlé ; l'hôte seul, absorbé par les mystères de son art, ne bouge pas de devant la cheminée ; persuadé qu'il a affaire à quelque aventurier à bourse plate, sans s'incliner, sans changer d'attitude, il répond :

« A quel prix ? à deux sous le verre ?

— Coquin ! garde ton vinaigre pour la semaine sainte, chien de renégat ! Porte du vin, et du meilleur... As-tu compris ?

---

[1] Ils écrivirent l'un et l'autre l'*Histoire du concile de Trente;* fra Paolo Sarpi (1619) dans le sens de la Réforme ; le cardinal Pallavicino (1656) au point de vue de Rome.

[2] Jésuite célèbre, auteur d'un corps de controverses : *Disputationes de controversiis fidei, adversus hujus temporis hœreticos.* Né en 1542, mort en 1621.

—J'ai du Chianti, du Pomino; de l'Artominio, du Carmignano[1] et du Vino Santo[2], débite l'hôte tout d'un trait, feignant diplomatiquement de n'entendre du discours de l'inconnu que ce qui était à son goût; de plus, un Aleatico à ressusciter un mort.

— Du meilleur, bavard, et promptement! »

L'hôte apporta un verre avec une bouteille ventrue et vermeille comme un sénateur.

« Qu'est-ce cela? un seul verre! Ce gentilhomme ne boit-il pas, par hasard? » dit l'inconnu en désignant du doigt Canacci.

Bartolommeo faisait force simagrées pour accepter cette politesse qui ressemblait à une insolence :

« Votre Respectable Seigneurie est trop bonne... En vérité, je ne voudrais pas...

— Allons donc, interrompit l'hôte qui trouvait son compte à l'invitation, acceptez! L'offre qui part du cœur ne veut pas un refus. Voyez donc quelle figure de César a ce gentilhomme! Je vous connais; s'il charriait du vin, vous seriez homme à boire l'Arno lui-même.

— Retourne à ta cheminée et veille au rôti, dit l'inconnu à l'hôte; puis, s'adressant à Baccio après une première rasade : Si j'en juge à la couleur de vos vêtements, le malheur vous a visité, mon gentilhomme?

— J'ai, il y a un peu plus d'un mois, enterré le testateur; là n'est pas la calamité. Mais c'est que j'ai enterré également l'héritage, et cette satanée bassette m'a enlevé, en moins d'une semaine, plus de mille ducats.

— Eh ! mais, les moyens pour se rattraper ne manquent pas chez vous... Buvez donc !

— Les moyens... chez moi... et où ça? Tant que ma belle-mère est de ce monde, n'est-elle pas maîtresse de tout?... Ce que j'ai pu découvrir d'argent comptant, je l'ai empoché; mais aujourd'hui...

— Le duc de San Giuliano n'est-il pas là pour y pourvoir?

---

[1] Vins récoltés en Toscane et les plus estimés du pays.

[2] Vin doux et comme sucré.

« — Le duc! Je suis sûr qu'on a arraché toutes les dents à sainte Apollonie [1] avec moins de travail qu'il n'en faudrait pour extirper un florin au personnage. Quant à Catherine, elle fait l'orgueilleuse...

— Lâcherait-elle les anguilles pour les esturgeons?

— Non, non, j'en jure Dieu! elle n'est pas femme à ça... Mais revenons à nous. Pourriez-vous, mon bon gentilhomme, m'indiquer un remède contre le mal... des dettes?

— Ecoute, Baccio! tu ne me connais pas, mais je peux et je veux te venir en aide. Je suis ton ami, et je prétends te tirer d'embarras...

— Bien vrai?

— Bien vrai! »

L'entretien continua à voix basse. Aux gestes qu'il faisait, l'inconnu paraissait proposer au Canacci quelque chose de bien monstrueux, car celui-ci y répondit résolûment non. Mais l'inconnu redoublant ses instigations et le pressant avec ardeur, le Canacci commença à être ébranlé ; bientôt il sembla céder, et ce fut plutôt pour ne pas laisser croire trop facile sa défaite que dans un but de résistance sérieuse qu'il dit :

« Mais la justice...

— Ses filets prennent les alouettes, et non les aigles. Les lois sont des toiles d'araignée : elles arrêtent les mouches, mais les bœufs les rompent...

— Oh! s'il suffit d'agir comme un bœuf, je réponds de moi... à enfoncer Roland... Mais ces quatre lopins de bois que je...

— On te les rendra au quadruple.

— Oui, n'est-ce pas? dans ces pays où les montagnes sont en fromage de Parme...

— Non, dans le pays de Massa, où croissent des vignes et des oliviers qui produisent des olives grosses comme des châtaignes.

— Un dernier scrupule... Lancer ainsi *ex abrupto* dans l'autre monde, comme un ballon dans une partie...

— Diable! nous agirons en bons chrétiens... Nous lui lais-

---

[1] Ou Apollinie, martyrisée à Alexandrie sous Philippe, le 9 février 249. On lui arracha les dents, puis on la brûla. On l'invoque pour la guérison des maux de dents.

serons le temps de régler tout à son aise les choses de l'âme ; foi de Margute ! Mais viens, il est temps que tu parles toi-même avec madame.

— Hôtelier, paye-toi. »

Et l'inconnu jeta sur la table un écu d'or ; l'hôtelier le prit avec respect entre deux doigts, qu'il avait tout d'abord essuyés soigneusement à son tablier, et dit tout en faisant le compte :

« Illustre seigneur, maintenant que vous avez goûté à mon vin, ne m'oubliez pas... vous trouverez chez moi compagnie digne de vous, des gentilshommes aimables et de votre rang. C'est un écu d'or de Massa ; je reconnais les armoiries, Cybo, Médicis, Malaspina. Je vous le changerai mieux qu'à la Monnaie... »

Et s'apercevant que l'inconnu ne faisait nulle attention à lui :

« De grâce, illustrissime, ayez patience... ce grand feu m'a monté à la tête, et pour rien au monde je ne voudrais vous donner des pièces n'ayant pas le poids. Il y a bien longtemps qu'on ne voit plus de ces beaux *pavoli barile* [1] du duc Alexandre [2] d'éternelle mémoire... L'on n'a plus que des *crazie* [3] qui ressemblent à des écailles de poisson... Vous me devez trois jules... plus sept, ça fait dix. — Tout change en ce monde. — Voyez : plus six, total : seize, si je sais compter. — Tout empire : — Seize et demie que je dois donc prendre sur votre écu. »

Et par ce bavardage, il cherchait à occuper l'étranger et, en attendant, vidait ses poches de toutes les crazie cassées et rognées qu'il y amassait depuis des années pour des occasions de ce genre.

Margute, étendant la main sur ce tas de monnaies désespérées, répondit en riant sous cape :

« Maître hôtelier, un beaucoup plus grand saint que nous a dit : Ce qui a été sera, — et j'ai foi en son dire. Ecoute : Une fois un hôtelier me changea, comme toi, un écu d'or de Massa

---

[1] Ces pauls (*pavoli*) furent frappés par Cellini. On leur donna ce nom de *barile*, parce qu'ils servaient à payer l'impôt établi sur les barils de vin. (*Vie de Benvenuto Cellini.*)   (*Note de l'Auteur.*)

[2] Frère consanguin de Catherine de Médicis ; il fut assassiné par son cousin Lorenzino.

[3] Menues monnaies, particulières à la Toscane.

à onze livres, et les livres qu'il me donna perdaient un quart. Tu as commencé à agir comme ton confrère, à me changer cet écu à onze livres ; à la Monnaie on rend également onze livres, — c'est vrai, — mais des livres d'or, ce qui fait qu'au change de sept pour cent, — le change actuel, — elles gagnent seize sous et six deniers sur les pièces d'argent [1]. Voyons un peu ce que tu me présentes...

— Je vous ai dit que je n'avais pas la tête à moi, je vous ai averti...

— Homme sans foi ! qu'est-ce que toute cette ferraille ? Apprends, maître hôtelier, que lorsque ton diable est venu au monde, le mien marchait tout seul. Attrape et profite de la leçon. » Et prenant dans sa main toute cette monnaie, il la lui lança à la face en ajoutant : « C'est pour l'étrenne... »

Il se leva, amenant avec lui le Canacci.

L'hôte, tout ahuri, l'accompagna jusqu'à la porte, son bonnet à la main, ne trouvant rien autre à dire que :

« Illustrissime, croyez bien... ma pauvre tête... »
Quand il se fut bien assuré que l'inconnu était déjà loin, il essuya son front et marmotta :

« Qu'il aille au diable !... L'enfer est sa vraie demeure... »
Depuis ce soir-là on ne revit plus Bartolommeo Canacci.

IX

Le dernier jour de l'année 1637, une neige fine et persistante couvrit Florence, et si dense, qu'on eût dit le linceul de cendres de Pompéi. Le jour se distinguait à peine de la nuit, et quand sonna la vingt-troisième heure d'Italie [2], l'obscurité était déjà complète. Des hommes à figure sinistre et enveloppés de manteaux se mirent alors à parcourir la via dei Pilastri, le Borgo Pinti et les rues voisines.

Quelques-uns de ces bandits avaient une lanterne sous leurs manteaux, et quand apparaissait quelque bourgeois isolé, ils lui couraient sus et lui mettaient la lanterne sous le nez pour le

[1] Viani, *op. cit.*, p. 227, v. 37.   (*Note de l'Auteur.*)
[2] Trois heures après midi.

bien reconnaître. Que l'honnête citadin restât sans respiration durant l'opération, est-il nécessaire de le mentionner? Il se vouait à tous les saints qu'il avait pour patrons et hâtait le pas ensuite ; car il n'y avait pas de jour que la cité ne fût ensanglantée par des meurtres, et il se passait peu de nuits que la cloche de la Miséricorde [1] ne réveillât et ne remplît de terreur les citoyens, lesquels, du reste, après avoir récité une courte prière pour la victime, se retournaient dans leur lit et se rendormaient de plus belle. Les lois se taisaient, les grandes familles avaient à gages des sicaires, des spadassins, des *bravi*, dont les fonctions consistaient à distribuer de bons coups de stylet, le soir, au coin des rues, à ceux qui avaient encouru le déplaisir du noble maître dont ils mangeaient le pain. Chose incroyable et vraie cependant! Ferdinand II entretenait à sa solde, comme tout le monde, des bravi, et dans le nombre, le fameux Tiberio Squilletti, appelé communément Fra-Diavolo ou Fra-Paolo, en souvenir de ce qu'il avait été moine de l'ordre de Saint-François. Il se lassa, un beau jour, du service grand-ducal, et se mit à exercer pour son compte, tuant et pillant dans Florence ; arrêté finalement, il termina sa vie dans les cachots du Bargello [2].

Vers dix heures du soir, un carrosse sans armoiries, traîné par deux vigoureux chevaux, déboucha du Borgo Pinti et s'arrêta au coin de la via dei Pilastri, se tenant le plus proche

[1] La Misericordia, association charitable, existant encore actuellement à Florence, et dont l'institution remonte à la célèbre peste de 1330, celle dont parle Boccace au début du *Décaméron*. Elle est destinée à secourir et assister les personnes atteintes sur la voie publique, dans la ville et ses environs immédiats, par un accident quelconque, et à les transporter sur des civières à leur domicile ou à l'hôpital. Elle procède, en outre, en temps d'épidémie, à l'ensevelissement des victimes. On ne saurait assez louer l'esprit de cette association, le dévouement, l'abnégation, le courage de ceux qui la composent. Les membres, dans l'exercice de leurs fonctions, portent de longues robes noires, dont le capuchon, toujours baissé, cache entièrement la figure.

[2] Lastri, *Observateur italien*, t. V, p. 102. (*Note de l'Auteur.*) — Le *Bargello*, siège de la police, et, en même temps, lieu de détention, est l'un des plus curieux édifices de Florence par son architecture générale et les sculptures remarquables qui ornent sa cour intérieure.

possible de la muraille. Aussitôt une personne dont un masque de velours noir cachait la figure se pencha à la portière, et approchant un sifflet de ses lèvres, en tira un son aigu et prolongé. Des pas rapides se firent entendre, et un homme de haute taille, masqué également, accosta en toute hâte le carrosse :

« Eh bien ! Margute ?

— Il faut attendre... L'ami est toujours chez l'amie...

— Depuis longtemps ?

— Depuis le commencement de la soirée.

— Ah ! »

La personne masquée se renfonça dans le fond du carrosse en poussant un profond soupir.

Les coups de sifflet se succédèrent avec rapidité. L'homme accourait toujours, prompt au signal, et toujours la personne masquée le harcelait de questions impatientes.

« Au diable l'enragée ! » murmurait-il souvent à part lui.

Un peu avant minuit, le duc de San Giuliano sortit de la maison Canacci. Ce soir-là, Catherine voulut l'accompagner jusqu'au bas de l'escalier. Le duc, rasant les murs, arriva proptement à l'extrémité de la via dei Pilastri, et tournant dans le Borgo Pinti, s'en alla heurter en pleine poitrine contre le carrosse, qui y stationnait. Il poussa une exclamation que je ne tiens pas à reproduire ; il fut sur le point de crier, de demander de la lumière, de faire le diable, pis encore ; il jugea, toutefois, plus prudent de s'éloigner sans bruit :

« Votre Seigneurie peut descendre, si elle le veut, dit Margute à la personne masquée.

— Me voici.

— Prenez ma main... Sainte Vierge, comme vous tremblez !...

— Suis-moi, tu verras si je tremble...

— Allons, sors, toi aussi ! »

Un second individu, masqué également, descendit, ou plutôt fut tiré du carrosse ; il chancelait comme un homme ivre ou en proie à la terreur... A peine eut-il mis pied à terre, qu'il murmura :

« *In manus tuas...* »

Ils frappent à la porte de la maison Canacci. — Rien ne répond. — Ils frappent plus fort... A travers le trou de la serrure perce un filet de lumière, bientôt une voix se fait entendre :

« Qui frappe ?

— Ouvrez, c'est moi !

— Ah ! c'est vous, Baccio ! Depuis sept jours on ne vous a pas vu ; belle vie, vraiment ! Mme Catherine vous a fait chercher sur terre et sur mer. »

La porte s'entre-bâille ; la servante est poussée, renversée ; à peine ouvre-t-elle la bouche pour recommander son âme à Dieu, qu'on la bâillonne violemment sans pitié.

X

Catherine est étendue sur un lit de repos, le visage tourné vers le ciel. Mille pensées, mille visions incohérentes, sans suite, gaies, tristes, pleines de douceur et d'amertume à la fois, assiégent son esprit, comme il arrive à ceux qu'engourdit l'abus de l'opium ou du bétel. Sa beauté est toujours dans sa fleur, elle avait encore ce front si pur, blanc comme l'albâtre, mais depuis quelques jours s'y montrait un signe indélébile, laissé par la douleur, qui creuse son sillon avec des instruments de feu dans l'âme et sur le front de l'homme. Pauvre femme ! elle avait appelé à elle la colère d'un orgueil déçu, le ressentiment de la confiance trahie, la religion, le remords ; elle n'avait pas oublié non plus les conseils de sa mère, l'indulgence de son mari, la pensée même de la duchesse, épouse abandonnée, mère réduite au désespoir. Hélas ! vaine lutte de la conscience et de la passion.

Mais dans le cœur où il a éclaté ce terrible combat laisse une profonde trace ; Dieu lui seul, dans sa miséricorde, pourra l'effacer en y versant l'oubli.

Je ne prétends pas justifier Catherine ; non... J'ai seulement voulu dire que je ne lui aurais jeté ni la première pierre ni la seconde.

La personne au masque de velours noir se précipita sur Catherine ; tirant tout à coup un poignard à large lame, elle l'en frappait, si Margute n'eût retenu son bras.

« Patience, fit-il, qu'elle ait le temps de se réconcilier avec

Dieu. » Il touche légèrement Catherine sur l'épaule : « Faites votre paix avec Dieu, lui dit-il ; les instants de votre vie sont comptés ! »

Catherine se lève brusquement, se frotte les yeux, les ouvre, les referme, croyant être le jouet de quelque hallucination. Mais Margute poursuit de sa voix horriblement calme :

« Vous avez entendu ? Il vous reste cinq minutes à vivre...

— Finissons, interrompt la femme masquée, se débattant furieuse entre les mains de Margute ; finissons. Qu'elle aille en enfer !

— Non, laissez-lui le temps de réciter un acte de contrition. D'ailleurs, si elle va en paradis, Votre Seigneurie est alors bien assurée de ne pas se rencontrer avec elle dans l'autre monde.

— Mais pourquoi vouloir me tuer, messeigneurs ? je ne vous connais pas !

— Nous te connaissons, nous.

— Si mon argent, mes bijoux vous tentent, tout ce qu'il y a dans cette maison, prenez-le... N'ayez pas crainte... je ne porterai pas plainte au Bargello, je vous le jure, par la mort du Rédempteur !

— Nous ne sommes pas des voleurs ; rappelez-vous que sur les cinq minutes deux ont passé.

— Mais pourquoi souiller vos mains du sang d'une pauvre femme qui ne vous connaît pas, que vous ne connaissez pas ? N'avez-vous donc pas de mère, d'épouse, de fils ?... Ne croyez-vous pas en Dieu ?...

— Pensez à régler vos propres comptes avec lui, et ne vous inquiétez pas des nôtres. Souvenez-vous plutôt que sur les cinq minutes trois sont écoulées.

— Mais je ne suis pas préparée à mourir... je ne peux pas mourir... Je suis forte, pleine de vie... Oh ! j'ai besoin de vivre...

— Tu dois mourir !

— Mourir ! c'est bientôt dit, mourir ! Avez-vous réfléchi à tout ce qu'il y a de souffrance, d'horreur dans un semblable mot ? Lorsque la vie est épuisée et que les illusions qui la font belle sont tombées une à une, réconciliés avec Dieu, encouragés par un saint prêtre, minés par la maladie, nous acceptons la mort comme une nécessité... Mais moi, je suis au printemps de la vie... A la coupe de l'existence, mes lèvres se sont à peine mouillées ; voyez, les fleurs de ma couronne sont toutes fraîches... Je crois en Dieu, je crois au bonheur, je crois à l'amour... Je suis aimée... j'aime... et vous parlez de me tuer... Je suis heureuse, heureuse, entendez-vous, et vous voulez me tuer... Mais en quoi vous ai-je offensée ?

— Me reconnais-tu ? dit la femme masquée en arrachant avec fureur son masque : je suis Mme Veronica Cybo, la femme du duc de San Giuliano ! Demanderas-tu maintenant en quoi tu m'as offensée ? Baisse les yeux, créature éhontée, oserais-tu me regarder en face ! J'étais la mère du pauvre... je secourais les filles dans la misère et les sauvais du déshonneur ; aujourd'hui je repousse le mendiant, le couvrant d'imprécations ; l'opprobre des autres est ma joie ; je me complais à la vue des souffrances sans espoir ; si je le puis, je les rends plus insupportables encore. Qui m'a changée ainsi ? qui, sinon toi ? Autrefois mes pensées étaient calmes, mon sommeil paisible ; aujourd'hui je ne trouve sur ma couche que l'insomnie et le crime. Le feu du délire brûle mon sang, trouble ma raison. Qui est coupable ? Toi ! J'avais un amour, je l'ai perdu ; j'avais un époux, je l'aimais, il m'aimait, il est perdu pour moi... J'ai tout perdu en ce monde à cause de toi ; à cause de toi, je perdrai dans l'autre monde ma part du paradis... Pour toi j'ai frappé jusqu'à le mettre en sang celui que j'ai porté neuf mois dans mon sein, que j'ai nourri moi-même... mon fils, mon cher, mon unique enfant !... Et elle demande en quoi elle m'a offensée ! De quel droit serais-tu heureuse de toute ma douleur... Tu veux vivre, tu vas mourir, misérable, par mes mains, tout de suite... »

A l'aspect de cette furie, Catherine a senti comme le froid d'un poignard traverser son cœur. Comprenant instinctivement que toute prière adressée à la duchesse serait inutile, elle se jette aux pieds de Margute, et, embrassant ses genoux, s'écrie :

« Sauvez-moi ; par le sang du Christ mort sur la croix, sauvez-moi ! A celles que l'on a condamnées à mort pour des crimes horreur de la nature, aux parricides... on ne refuse pas pour un temps la vie, lorsqu'elles vont devenir mères... Ah ! j'i-

gnorais qu'*il* fût marié !…Pitié… pardon… Quel est mon crime?
d'avoir aimé ! »

Et l'infortunée, éclatant en sanglots, pressait les genoux de
Margute ; l'expression de ce désespoir était si touchante, que
Margute, pour la première fois de sa vie, fut remué… je n'ose
dire ému. Se penchant à l'oreille de la duchesse, il murmura :

« Cependant, si elle est enceinte ?…

— Raison de plus pour qu'elle meure !

— Vite, sauvons-nous ! interrompit un homme enveloppé
d'un manteau et faisant irruption dans la chambre. La cour
approche, je l'ai rencontrée via degli Angioli, et je suis accouru
à toutes jambes vous en donner avis.

— La cour ! » répéta Margute, se tournant vers le nouveau
venu et lâchant le bras de la duchesse.

Celle-ci, la main libre, abaisse ses regards ; le sein de la victime agenouillée s'offre dans sa beauté et sa blancheur, palpitant à sa vue. La duchesse, aveuglée par la rage, se jette sur
Catherine, et, pesant de tout son poids sur le coup qu'elle lui
porte, elle l'atteint au creux de la gorge ; le poignard pénètre
dans la poitrine ; la blessure est mortelle.

Un flot de sang jaillit de l'implacable blessure.

A cet affreux spectacle, Margute se sent… à sa manière, pris
de pitié ; il tire son poignard et dit :

« Mieux vaut l'achever. »

Et il lui traverse le cœur.

Catherine chancelle comme une femme ivre ; elle fait deux
ou trois pas en arrière et tombe morte sur le plancher, heurtant
dans sa chute Bartolommeo, qu'elle couvre de sang des pieds à
la tête. Comme Judas, le Canacci avait vendu cette âme ; lâche
comme Judas, le cœur lui manqua. Il chancelle, lui aussi, et
roule évanoui sur le cadavre de Catherine, de sorte qu'il était
malaisé de distinguer le traître de celle qu'il avait trahie… Les
assassins ne s'inquiètent guère de lui ; les lumières éteintes, ils
s'enfuient.

Mais Margute, entendant encore quelque bruit, s'arrête, pris
de soupçon, et commande sévèrement :

« Allons ! dehors ! »

La duchesse — c'était elle — répond :

« Attends... un instant encore...

— Attendre ! et la cour?...

— Qu'elle vienne !

— Qu'elle nous trouve, et l'on nous pend...

— A toi la corde, manant... moi, je suis duchesse !

— C'est bon ! mais venez vite, ou le manant vous laisse là...
Que diable faites-vous ?

— Me voici.

— Que diable avez-vous fait ?

— Silence ! partons ! »

XI

Le 1er janvier 1638, grande fête à la cour.

De Florence, de toutes villes du grand-duché, barons, chevaliers, personnages de marque, accouraient offrir au souverain leurs vœux pour l'année qui commençait et lui souhaiter une suite d'années non moins heureuses pour le bonheur de son peuple, le plus heureux qui ait jamais été ; pour la prospérité de ses Etats, les plus florissants du monde. — Et Ferdinand II, qui savait parfaitement que de tels vœux ne pouvaient venir que du cœur, était, la renommée le rapporte, touché jusqu'aux larmes et se résignait à habiter le plus longtemps possible *in hac lacrymarum valle*.

Ces vœux échangés, on se rendait à la chapelle pour entendre la messe ; une musique, exécutée par les plus habiles instrumentistes et chanteurs du temps, y donnait aux assistants un avant-goût des félicités du paradis.

Après la messe, nouvelles réceptions, nouveaux discours dans les salles du palais grand-ducal, et le tout se terminait, comme j'ai déjà eu l'occasion de le faire observer, par un splendide banquet.

Barons et chevaliers s'évertuaient à l'envi à paraître à la cour avec des vêtements fastueux, et, bien que l'esprit de l'époque autorisât ce luxe, passé de mode aujourd'hui, le prince l'encourageait, pensant venir ainsi en aide à l'industrie des villes.

Admirablement fait de sa personne, comblé de tous les dons de la fortune, Jacopo Salviati était, à la cour, honoré et recherché entre tous ; célèbre par la sûreté de son goût, cité comme un modèle d'élégance, pensez un peu si, dans cette assemblée de la fleur de la noblesse toscane, il aurait voulu paraître inférieur aux autres et à lui-même.

Aussi, les yeux à peine ouverts, craignant d'être en retard, il saute précipitamment à bas de son lit et sonne vivement ses serviteurs.

Ceux-ci accourent, vêtus d'habits de fête, pleins de joie et criant en chœur :

« Très-illustre duc, une bonne année à Votre Excellence !

— Merci ; je vous en désire autant. Majordome, vous leur distribuerez étrennes doubles. Je me sens heureux.

— Vive le magnifique messer Jacopo !

— C'est bien ; continuez à être de bons et loyaux serviteurs comme vous l'avez été jusqu'ici. Allez. — Valentino, à nous deux maintenant. Il faut me faire beau ce matin ; je prétends éclipser toute la cour. Voyons, tout ce que j'ai commandé est-il là ?

— Oui, monsieur le duc. Le marchand de plumes a apporté le chapeau.

— Parfait. Courbe un peu la plume et arrange-toi pour l'attacher avec ma belle agrafe de diamants. Le doreur ?

— Il a envoyé les bottes...

— Les bottes en cuir mordoré seront du plus heureux effet, surtout avec ces éperons en or bruni.

— Le joaillier affirme avoir passé la nuit entière pour terminer votre habit ; il recommande ses aides à votre bonté. Que Votre Excellence daigne s'assurer s'il a rencontré son goût. »

Il étala l'habit devant lui. On imaginerait difficilement de nos jours la richesse inouïe de ce vêtement. Il était de brocart d'or parsemé de fleurs brodées en relief, et, au centre de chaque fleur, l'ouvrier habile avait placé une perle ; autour du collet et des parements des manches couraient deux rangs de diamants ; sur la poitrine étincelait une croix de Saint-Etienne, pape et martyr, diamants et rubis. Devant tant d'éclat force était de baisser les yeux.

« Magnifique, en vérité ! s'écria le duc, que la satisfaction mettait comme hors de lui. Tu donneras quatre ducats aux ouvriers ; qu'ils se réjouissent en mon honneur. Ah ! le parfumeur a-t-il envoyé l'eau de fleur d'oranger et la pommade d'ambre gris [1] ?

— Oui, seigneur, ainsi que les gants parfumés à l'odeur de *bucchero.*

— Donne, Valentino, que je sente... hum ! ce bucchero pourrait être plus fort... mais, bah ! pour cette fois il ira comme ça [2]. »

On verse abondamment de l'eau de fleur d'oranger ; le duc s'en couvre le corps à plusieurs reprises. L'ablution faite, et après qu'on s'est empressé à l'essuyer avec des linges fins et odorants, il s'assœit et appelle :

« Valentino, viens me coiffer ! »

---

[1] Le goût des parfums était poussé fort loin à cette époque. Le comte **Lorenzo Magalotti**, dans ses Lettres scientifiques (n°s 8 à 9), rapporte, entre autres, que deux sachets d'odeur furent payés jusqu'à quarante pièces d'or.

(Note de l'Auteur.)

[2] *Bucchero, buccheri* étaient des vases en pierre odorante qui venaient de Quito, du Chili, de Guadalajara ; les plus précieux, du Natan. Cette odeur fit fanatisme ; elle rappelait celle de la terre, pendant l'été, lorsque, après avoir été mouillée, elle est calcinée de nouveau par le soleil. On mangeait également cette sorte de terre réduite en pastille. Aujourd'hui, l'odeur du *bucchero* n'est plus estimée. Le temps change tout, odeurs, saveurs, opinions...

(Note de l'Auteur.)

On permettra au traducteur d'ajouter quelques mots. Ces vases, nommés *búcaro, búcaros* en espagnol (d'où le mot italien *bucchero*), sont faits non avec une pierre odorante, comme le dit la note ci-dessus, mais avec une terre qui se trouve seulement dans l'Amérique du Sud. Cette terre est, par elle-même, sans odeur, et c'est seulement lorsqu'elle est mise en contact avec l'eau qu'elle dégage une senteur qui est, à s'y méprendre, du reste, celle d'une terre quelconque humectée. Ces vases ou coupes, fabriqués exclusivement par les Indiens, offrent cette particularité, qu'ils absorbent promptement et entièrement l'eau versée dans leur intérieur, et c'est par suite de cette absorption qu'ils deviennent odoriférants. Ils sont noirs ou d'un rouge clair, et ornés extérieurement de figures et d'ornements peints, du dessin le plus naïf. On en trouve encore des exemplaires en Espagne, mais ils se font rares et se vendent assez chers. On assure, en outre, que la mastication de la terre avec laquelle ils sont formés est salutaire pour les poitrines faibles.

On avait, à cette époque, l'étrange coutume de porter d'énormes perruques dont les boucles pendantes descendaient également de chaque côté de la poitrine comme une étole de prêtre, tandis qu'une troisième portion flottait en toute liberté sur les épaules. Le duc Salviati se soumettait à la mode ; mais, comme il avait une abondante chevelure, il lui répugnait à la dénaturer sous une perruque, dépouille de quelque mort. Aussi portait-il ses cheveux, qui étaient magnifiques, et une mode disgracieuse et rebutante chez les autres devenait chez lui une admirable parure.

Le valet de chambre, armé d'un peigne d'ivoire et d'un fer de coiffeur, démêlait et frisait ses cheveux ; mais si grande était l'impatience de Salviati, qu'il ne se tenait pas tranquille un seul instant, de sorte que le fer lui brûlait la peau, quand le peigne ne la lui déchirait pas. Il n'y avait pas de la faute de Valentino ; mais Valentino était trop vieux dans le métier pour n'avoir pas appris que les maîtres n'ont jamais tort ; aussi, à chaque mouvement du duc occasionnant ces petits accidents, il s'excusait humblement.

Mais, ce jour-là, le duc était en veine d'indulgence ; il se mordait les lèvres, frappait la terre du pied, et, s'il réprimandait, c'était sans colère.

« Une autre fois sois plus attentif ; ce n'est rien ; dépêche-toi. »

Un valet entra.

« Seigneur duc, Mme la duchesse vous souhaite un heureux commencement d'année et vous envoie cette corbeille de linge.

— Vous arrivez fort à propos. Remerciez Mme la duchesse ; nous nous verrons à la cour. »

Le valet s'incline et pose la corbeille sur une table.

Cette noble corbeille, propriété de famille dans la maison Salviati, était, au jugement des connaisseurs, attribuée à Cellini. Formée de fils d'argent délicatement travaillés à jour, elle offrait d'admirables groupes renversés de fruits, de fleurs et de coquilles entrelacés, avec un art exquis, de rubans, de feuilles et d'épis. C'était merveille à voir avec quelle perfection la nature y était imitée.

Le linge était la partie de la toilette où se déployait alors le plus de recherche. Outre des chemises d'une rare finesse, on portait de grandes fraises et des manchettes de dentelles. On ne croirait pas les prix énormes dont se payaient ces fragiles tissus, et si les peintres, particulièrement les Flamands, n'en avaient avec leurs pinceaux transmis le témoignage, on ne croirait pas non plus le degré d'habileté et de goût auquel ils étaient portés. Les Flandres à cette industrie réalisaient d'incalculables bénéfices, et bien que, depuis, d'autres peuples se soient appliqués à cette fabrication, autrefois pas plus qu'aujourd'hui les Flamands n'ont pu être surpassés.

Mais les toiles et les dentelles que la duchesse envoyait à son noble époux provenaient de la Suisse et non des Flandres. Une magnifique aube avait été offerte au cardinal Odoardo Cybo, alors qu'il était nonce apostolique près la république Helvétique. Le saint prélat, peu soucieux des choses mondaines, l'avait donnée à sa sœur, la duchesse Veronica, et celle-ci n'avait eu d'autre pensée, en la recevant, que de la transformer en fraises et en manchettes destinées à parer son époux bien-aimé.

Il n'est pas inutile de prévenir le lecteur qu'à cette époque les dames, même du plus haut lignage, ne trouvaient pas au-dessous d'elles de veiller au linge de leur maison ; Mme Veronica ne se singularisait donc pas en envoyant à son mari un semblable présent ; elle ne faisait, au contraire, que suivre un usage, commun alors à toutes les mères de famille.

Le duc jeta un regard sur ces objets, qui lui rappelaient les jours heureux de ses amours avec la duchesse et qui, peut-être, lui reprochaient en même temps ses torts, car il ne put s'empêcher de murmurer avec un soupir.

« Pauvre Veronica ! elle m'aime, elle aussi...

— Votre Excellence est prête.

— Voyons !... Cette boucle un peu plus relevée... de la sorte... bien... masse ces cheveux derrière l'oreille... Maintenant préserve délicatement ma coiffure pour que rien ne s'y dérange pendant que je passe ma chemise. »

Sans quitter le miroir des yeux, le duc étend la main vers la corbeille, bouleversant précipitamment, pour trouver la chemise, les toiles plus fines placées par-dessus ; mais ses doigts se prennent dans quelque chose, souple au toucher comme de la soie grége ; étonné, il tourne la tête, et aperçoit une touffe de cheveux blonds, aussi fins que la soie.

Une étreinte de fer lui serre le cœur ; il s'arrache des mains du valet de chambre avec tant d'impétuosité, que le laborieux édifice de la coiffure est détruit en un instant ; palpitant, il se penche et jette çà et là les diverses pièces de lingerie ; que découvre-t-il au fond de la corbeille ?

Horreur ! la tête coupée de Catherine.

Après neuf heures d'affreuses convulsions, Jacopo Salviati ouvre les yeux et les promène autour de lui avec surprise ; il voit ses serviteurs consternés, haletant à le maintenir dans son lit. Il referme les yeux et fait un violent effort pour rassembler ses idées... Tout à coup la mémoire lui revient ; il saute d'un bond sur son épée et, en jetant au loin le fourreau, il fond, comme un ouragan, dans les appartements de la duchesse.

Mme Veronica, escortée de huit bravi et de Margute, s'était réfugiée à Massa auprès de son père, l'illustrissime seigneur Carlo Ier [1].

La *cour* et la *ville* demeurèrent longtemps atterrées de ce crime, épouvantable en lui-même et que rendaient plus épouvantable encore les circonstances dont l'implacable duchesse avait su l'entourer.

La toile d'araignée de la justice prit... des mouches. Parmi tant de coupables, elle parvint à n'en arrêter qu'un seul, Bartolommeo Canacci, qui fut trouvé, le lendemain de l'assassinat, gisant sans mouvement sur le corps décapité de sa malheureuse belle-mère. Vaincu par l'épouvante à la vue seule des instruments de torture, il révéla aussitôt les particularités les plus secrètes du crime, s'exposant ainsi, pour préserver ses mem-

---

[1] Ferdinand II, empereur, par diplôme du 7 février 1625, avait accordé le titre d'illustrissime à Carlo Ier, prince de Massa, pour lui et ses héritiers légitimes. (Viani, *op. cit.*, p. 44.) On raconte que la population de Massa témoigna tant de joie de la distinction si flatteuse dont son souverain était l'objet, qu'elle reçut l'ordre d'illuminer *spontanément*, et pour trois soirs, ses maisons. (*Note de l'Auteur.*)

bres, au péril très-certain d'avoir la tête tranchée. Effectivement, quelques jours après, on le décapita sur la porte du Bargello. Lorsque le bourreau saisit par les cheveux cette tête infâme et la montra à la populace, celle-ci la saluant de hurlements et de sifflets, lança contre elle toutes les immondices qui se purent trouver.

Jacopo Salviati s'éloigna de Florence; il visita les pays lointains, se mêla aux hommes des autres nations; mais la lame usait le fourreau, la mort dévorait cette âme. Il prit en dégoût la nature, les hommes et lui-même; il voulut cependant mourir dans la demeure de ses pères, et lorsqu'il revint, ses amis les plus intimes, ses plus anciens serviteurs hésitèrent à reconnaître dans ce squelette livide, à moitié courbé, les yeux caves, se soutenant à peine, le magnifique Jacopo Salviati, l'orgueil et l'amour de la cour de Toscane.

Le repentir de la duchesse, ses supplications quotidiennes ne l'apaisèrent pas; les instances les plus pressantes du prince Carlo, des cardinaux Alderano et Odoardo, de Ricciarda Gonzaga [1], de Maria dei Pichi della Mirandola [2] et des autres frères et sœurs de Veronica, l'intervention des princes italiens, plus tard l'autorité elle-même du souverain pontife Innocent IX [3], rien ne put fléchir l'inébranlable résolution du duc de San Giuliano de ne jamais revoir sa femme, de ne jamais lui pardonner. Brisé par la douleur, il ne tarda pas à descendre dans la tombe.

Cinquante-quatre ans après la tragique scène que nous venons de retracer, une femme décrépite, couverte d'habits de

---

[1] A laquelle des trois branches de la maison de Gonzague appartenait, par alliance, Maria, sœur de Veronica Cybo? Je ne puis que supposer que c'était au rameau des ducs de Guastalla, détaché de la branche aînée en 1557.

[2] Famille célèbre, feudataire à l'origine de l'État de Modène, et qui se rendit indépendante dès l'année 1312. Outre la *Mirandola,* elle possédait *Concordia* et *Quarentola.* Son rôle fut important, et elle conserva sa quasi-souveraineté jusqu'en 1710, où, pour avoir pris parti pour la France, dans la guerre de la succession d'Espagne, elle vit ses possessions confisquées et rendues par l'empereur Joseph Ier à Renaud d'Este, duc de Modène. Le fameux Pic de la Mirandole appartenait à cette famille.

[3] Benoît Odescalchi, pape de 1676 à 1689.

deuil, le visage entièrement caché sous un capuchon de soie noire, avait coutume de se rendre à San Francesco, l'une des églises de la ville de Massa, aux premiers coups de la cloche annonçant l'*Ave Maria* du matin [1]. Sa marche était pénible, elle s'appuyait sur le bras d'un homme, vêtu de noir comme elle et comme elle accablé d'années. Elle restait prosternée devant le maître-autel jusqu'à l'heure de l'*Angelus;* elle revenait vers le milieu de la journée et ne se retirait que lorsque le sacristain l'avait respectueusement prévenue que l'église allait être fermée.

Un jour elle ne vint pas; ce jour-là, dans la grande salle du palais du prince Cybo, le corps de cette femme, devenu un cadavre, était exposé sur un lit de parade devant une foule accourue pour le contempler.

On la regardait comme une sainte; la croyance populaire devint une conviction lorsque l'on vit la dalle où depuis cinquante-quatre ans elle était venue chaque jour pleurer son crime; ses genoux avaient usé le marbre. On se racontait sa pénitence, on montrait le douloureux cilice qu'on n'avait pu lui faire quitter que le jour de sa mort.

Aussi, lorsque le soir, à l'éclat de mille lumières, au milieu d'un riche et pompeux cortége de prêtres et de gentilshommes, sa dépouille mortelle fut transportée dans la chapelle souterraine des Cybo-Malaspina, construite dans l'église de San Francesco, par le marquis Alberico Cybo, heureux et envié celui qui put parvenir à baiser quelque partie de ses vêtements ou à les faire toucher à des médailles, des reliquaires, des chapelets.

Le couvercle de marbre se ferma sur la tombe; les chants s'éloignèrent, les lumières s'éteignirent. Alors le vieillard centenaire, qui avait été le compagnon de la duchesse Veronica, quitta en chancelant l'angle du caveau, et vint, après s'être assuré qu'il était bien seul, appuyer son front sur le marbre du sépulcre. Il resta de longues heures ainsi; l'horloge sonnant minuit l'arracha à sa profonde méditation; il se redressa et, élevant, en pleurant, ses deux mains vers le ciel, il s'écria :

« Ame de Veronica Cybo, si votre expiation vous a ouvert

---

[1] Au moment où le soleil se lève.

l'entrée du ciel, demandez à Dieu, demandez-lui de pardonner à celui qui fut le complice de votre crime. »

Cet homme était Margute [1].

[1] L'histoire véritable des amours du duc avec Catherine et l'intervention de la duchesse est racontée en grands détails dans une Chronique des choses survenues à Florence (*Chronaca delle cose Fiorentine*), recueillie et publiée par M. le comte Carlo Morbio. L'assassinat de Catherine, son état de grossesse, la complicité du beau-fils au meurtre de la victime, la tête tranchée et envoyée dans une corbeille de linge, toutes ces circonstances, plus horribles peut-être qu'émouvantes, dont on eût pu être tenté de faire honneur à l'imagination du romancier, sont malheureusement authentiques. M. Guerrazzi cite *in extenso*, à la fin de son récit, le texte même de la chronique où il a puisé l'idée et les principaux événements de son drame. Je pense peu utile de l'imiter en cela. La présente note peut suffire et me dispenser de traduire l'appendice en question, assez long. Ce qui importe, c'est surtout l'œuvre de M. Guerrazzi; c'est la curiosité littéraire du lecteur français que j'ai eu l'intention d'éveiller et non sa curiosité historique que j'ai prétendu satisfaire. Cette dernière s'adresserait ici à ce que j'appellerai *les miettes de l'histoire*, s'il n'avait pas déjà été fait mauvais usage de cette expression.

www.ingramcontent.com/pod-product-compliance
Lightning Source LLC
LaVergne TN
LVHW011354170726
843501LV00006B/1825